식탁 위의
일본사

SHITTE OKITAI 「SHOKU」NO NIHONSHI

©Masakatsu MIYAZAKI 2006
First published in Japan in 2006 by KADOKAWA CORPORATION, Tokyo.
Korean translation rights arranged with KADOKAWA CORPORATION, Tokyo
through Eric Yang Agency Inc, Seoul.

음식으로 읽는 일본 역사 이야기

식탁 위의
일본사

미야자키 마사카츠 지음

류순미 옮김

더봄

| 들어가며 |

인간에게 개성이 있듯이 문명이나 문화에도 개성이 있다. 역사는 어떤 면에서는 문명과 문화의 개성을 조사한 것이라고도 할 수 있다.

문명, 문화는 '재조합'에 따라 모습을 바꾸지만 벼농사를 기반으로 하는 순환형 일본의 문명, 문화에서는 자칫 '재조합'의 효용이 잊히기 십상이다. 그것도 하나의 개성일 테지만, 개성이 득이 되는 시대도 있고 실이 되는 시대도 있다.

요즘과 같이 글로벌 규모로 이루어지는 정치와 경제의 격변기에는 대중의 지혜를 모은 다양한 '재조합'이 이루어져야 하겠지만 일본에서는 역사 인식에 기초를 둔 '재조합'의 절대량이 부족하다는 생각이 든다.

후덥지근한 여름날 대낮부터 친구와 시부야역 앞에 있는 장어식당에 갔다. 같은 '카바야키'蒲焼き라는 장어요리의 경우에도 뼈를 발라낸 장어를 한 번 쪄서 굽는 간토關東 방식과 찌지 않고 그대로 굽는 간사이關西 방식은 장어 뼈를 발라내는 방법부터 다르다. 그것은 간토와 간사이 요리의 전통이 다르기 때문이라는 등, 어업이 불안정했던 에도

시대 초기에 도쿄만에서 잡히던 물고기가 장어였기 때문이라는 둥 머릿속에 떠오르는 대로 이야기를 나누다가 생각지도 못한 방향으로 흘러 지금 일본의 폐쇄 상태는 어쩌면 메이지유신 이후 '재조합'의 질에 문제가 있었던 것일지도 모른다는 말까지 나왔다.

그때부터 나는 TV 오락프로그램을 보듯이 가벼운 마음으로 읽을 수 있는, '음식'을 주제로 한 일본의 역사를 써보기로 결심했다. 평범한 일상 속에서 새로운 발상이 태어난다. 새로운 사실 앞에서 별다른 생각없이 그저 "우와! 그게 진짜야?"를 연발하다가 문명, 문화의 에너지원이 되는 '재조합'의 훌륭함도 깨달을 수 있지 않을까 하는 발상에 서였다.

나는 이전에 식탁을 '작은 대극장'에 비유해《처음 읽는 음식의 세계사》라는 책을 썼다. 일상에서 세계사를 배우자는 취지였다.

이번《식탁 위의 일본사》는 '암기'하는 역사가 아니라 "우와! 그게 진짜야?"를 연발하는 '재조합'의 역사를 목표로 하고 있다. 그것은 프로세스를 '생각'하는 역사로, '암기'하는 역사가 아니다. 편하게 읽을 수 있는 역사다.

'재조합'은 생활을 즐겁게 만드는 새로운 관점이며, '오타쿠'를 전문가로 만들어준다. 생각해보면 사물뿐 아니라 인간관계나 인생은 물론 시스템과 지역과 조직까지도 '재조합'의 대상이 된다. '재조합'의 발상이 있는 일상생활은 긍정적 자세를 길러준다. "우와! 그게 진짜야?"라는 것에는 "우와! 진짜네!"와 같은 효용이 있다.

차례

제1장

고대에서 시작된
풍요로운 음식문화

| 1 |

자연이 준 선물
'제철' 식재료

일본열도는 습지대 wetland

'음식'에도 세상이 반영된다. 나날이 확산되는 세계화의 물결 속에서 콜드체인(식품을 냉동상태로 소비자에게 공급하는 시스템)이 지구적 규모로 확산되면서 세계 각국의 식재료가 손쉽게 이동하게 되었고, 대도시에서는 세계 각국의 요리를 언제든 손쉽게 먹을 수 있게 되었다. 그와 동시에 일본에는 각 지방마다 식재료와 요리의 고유한 체계도 남아 있다. 그런 의미에서 일본은 중층적인 음식문화의 보고이다. 우리들은 일본열도의 전통적인 식재료와 요리, 세계 각지로부터 영향을 받은 식재료와 요리를 모두 맛볼 수 있는 행운을 누리고 있는 것이다.

온통 바다로 둘러싸인 습윤한 기후와 다채로운 지형과 생태계를 가진 일본열도의 자연환경은 세계사적으로도 강한 개성을 가지고 있다. 1만 년 전 빙하기가 끝나고 온난화가 급속히 진행되면서 유라시아의 건조지대^{dryland}인 황하^{黃河} 유역에서 문명이 시작되었다. 자연환경이 악화되면서 건조한 기후에도 잘 견딜 수 있는 보리, 조, 피를 재배하는 농경사회가 탄생하게 되었다.

그러나 일본열도는 해수면의 상승으로 인해 대륙에서 열도가 떨어져 나온 만큼 습윤한 자연환경이 그대로 남았다. 대형 초식동물이 모습을 감추고, 침엽수림의 축소와 함께 활엽수림이 확산되긴 했지만 물이 넉넉한 자연환경을 유지할 수 있었다. 건조지대에서 새로운 세계사가 시작될 때 일본열도는 습지대로 남았던 것이다.

덕분에 일본열도의 사람들은 건조한 기후로 인한 위기를 맞을 일이 없었다. 일본인에게 자연이란 돌고 도는 온화한 계절의 반복이었다. 밖에서는 가혹한 자연환경이 엔진이 되어 문명의 형성이 이루어지고 있었으나 일본열도에서는 1만 년에 걸쳐 '조몬^{繩文} 문화'라고 하는 일본 선사 시대 수렵·채집문화가 유구히 생명을 이어온 것이다.

일본의 '음식'은 자연의 순환이 베풀어주는 다양한 '제철' 식재료가 기본이다. 예전에는 수렵·채집에 의한 사회를 농경사회보다 한 단계 덜 발전한 것으로 보는 역사관이 일반적이었다. 그러나 엄연히 이 둘은 서로 다른 사회이며, 같은 잣대로 서열화할 수 없다. 수렵·채집에 의한 사회가 1만 년이나 이어진 것은 풍요로운 자연환경이 지속되었기 때문이다.

병립하는 소문화권과 제철 식재료

지도에서 확인해 보면 일본열도는 북위 25도인 오키나와에서 북위 45도인 홋카이도까지 남북으로 길게 이어진 열도다. 게다가 지형은 복잡하고, 높은 산들이 이어져 있으며 굽이치는 하천, 복잡한 해안선으로 인해 독자성을 가진 작은 문화권으로 세분화되어 있다. 일본열도는 다양한 소세계가 모여 있는 것이다. 각각의 소세계들의 요리의 차이를 보면 일본열도는 다문화사회라고도 볼 수 있다.

일본열도의 자연은 크게 큐슈九州에서 중부 간토의 저지대인 떡갈나무지대와 중부 간토 지방의 산악지대에서 홋카이도北海道의 너도밤나무지대로 나눌 수 있다. 전자는 훗날 벼가 전해지자 저지대에 논이 조성되면서 '미즈호瑞穂(기름진 벼이삭)의 나라'가 되었다. 후자는 벼농사에 적합하지 않았던 탓에 오랜 기간 밭농사가 이어졌다. 한편 바다나 강과 가까운 지역에서는 어업이, 산간지역에서는 멧돼지나 사슴 같은 동물의 수렵이 이루어졌다. 동서와 고저의 다양성으로 인해 일본열도에는 복잡한 '음식'의 세계가 탄생한 것이다.

조몬 시대의 식재료에 대해서는 주거유적지나 조개무덤에 남겨진 유물로 추측할 수 있다. 조개무덤은 당시 식용대상이었던 동식물의 불필요한 부분이나 필요가 없어진 도구를 버린 곳이기도 했으며, 그 재생을 기원하는 곳이기도 했다. 조몬 시대의 조개무덤은 전국에 1,600여 곳이나 남아 있다. 최대 규모의 조개무덤으로 유명한 지바현의 우바야마 조개무덤은 1만 3천 평방미터에 걸친 어마어마한 규모다.

조개무덤 조사에서 밝혀진 동물성 식재료는 토끼, 두더지, 쥐, 너구리, 여우 등 60여 종에 이른다. 그중 가장 많은 것은 사슴과 멧돼지였으며, 홋카이도에서는 홋카이도사슴이 주를 이루었다. 일본 고어古語에서는 '고기'를 '시시'라고 하는데, 사슴은 '카鹿(사슴)의 시시(고기)'라고 하여 멧돼지(이노시시)와 구별하기 위해 '카노시시'라고 부르기도 했다. 현대의 멧돼지라는 단어 이노시시는 '이猪의 시시'라는 의미로도 해석된다. 아이누족의 전통에 의하면 홋카이도사슴과 연어는 카무이(아이누족의 신과 같은 영적 존재)가 하늘에서 뼈를 뿌려 번식시켰다고 하여 다른 식재료들과 명확하게 구별하고 있었다.

사슴은 먹을 것이 많고 부드러우며 소화도 잘 됐다. 사슴의 피는 건조시켜 강장제로도 이용했다. 밭에 나타나는 멧돼지는 오랫동안 일본열도의 중요한 단백질 공급원이었다. 불교가 도래하면서 육식을 기피하게 된 시대에도 지방이 풍부한 멧돼지는 '산에서 나는 고래'라고 불리며 계속 먹었다. 참고로 조몬 시대의 사람들이 좋아하던 부위는 살코기가 아니라 내장이나 뼈였으며, 그 부위는 염분과 미네랄을 보충하는 것에 도움이 되었다. 꿩, 비둘기, 까마귀 등 10여 종의 새도 식용으로 쓰였다.

난류와 한류가 흐르는 일본열도에서는 어업도 발달했다. 연안어업과 하천어업이 활발했으며, 센다이만仙台湾이나 홋카이도에서 근해어업을 하기도 했다. 그 때문에 잉어, 붕어, 연어, 정어리, 가다랑어, 참다랑어와 같은 40여 종의 생선들과 우렁이, 대합, 굴, 소라와 같은 300여 종의 조개와 새우, 게, 성게 등이 식재료가 되었다. 조개 중에서는 대합을 가장 많이 먹었다. 발굴된 소라껍질에 구멍이 뚫려 있는 것으로 보아 석기石器로 구멍을 뚫어 먹었을 것이라 추측한다. 세토나이 해안에서는 문어도 먹었는데, 동남아시아 해양문화의 영향이라고 볼 수 있다. 그리고 복어와 같이 독성을 가진 물고기도 먹었다.

식물로는 호두, 밤, 잣, 꿀밤, 상수리 등과 같은 나무열매나 복숭아, 으름덩굴, 산초나무, 두릅나무의 열매를 먹었다. 상수리나 도토리는 구황식물로 농경사회가 된 후에도 계속 먹었으며, 지금도 지방에서는 떡을 만들어 먹고 있다.

5,500년 전부터 1,500년 동안이나 계속된 아오모리青森의 산나이 마루야마 유적에서는 밤나무를 재배했다. 밤은 껍질을 벗겨 그대로 먹거나 구워서 먹어도 맛있고, 말려서 먹으면 더욱 달았다. '복숭아와 밤은 삼 년'이라는 속담이 있는 것처럼, 성장과 결실이 빠르며 재배도 쉬웠다. 나라 시대奈良時代(710~784)에 이르러서는 지방관리로 하여금 밤나무를 돌보게 했을 정도로 밤을 귀중한 식재료로 여겨왔다.

상수리나 도토리와 같은 나무의 열매는 맷돌에 갈아서 전분을 식용으로 썼다. 떫은맛이 강한 상수리나 도토리는 건조시켜서 10일 정도 물에 불려 껍질을 벗겨낸 후 다시 20일 동안 물에 불려 같은 양의 나무껍질을 넣고 떫은맛을 제거하는 과정을 거치면 먹을 수 있었다. 떫은맛은 수용성 타닌tannin이어서 물에 담가 뺄 수 있었던 것이다.

큐슈 남부나 남쪽 섬에서는 조몬 시대 중기(약 5000~4000년 전)부터 타로토란의 일종으로 미얀마나 인도 아삼 지방을 원산지로 하는 토란이 주식이었다. 토란은 열대성 작물임에도 불구하고 추위에 강하고 토양에 상관없이 재배할 수 있었기 때문에 널리 확산되었다. 토란은 알줄기 주위에 잔줄기가 나와 번식하기 때문에, 자손번영을 의미하는 길한 식재료로 여겨지게 되었다. 이런 이유로, 설날에는 토란만 먹는 지역도 있다고 한다.

이로리와 냄비의 원형

이로리囲炉裏는 일본의 전통적인 난방장치다. 농가에서 방바닥의 일부를 네모나게 잘라내고, 그곳에 재를 깔아 취사용, 난방용으로 불을 피워 놓는다.

조몬인은 수혈주거 방식에 자급자족을 했다. 땅을 1미터 정도 파낸 다음 나무로 골격을 세우고 모초茅草(볏과에 속한 여러해살이풀)로 지붕을 엮은 것이 수혈주거竪穴住居이다. 수혈주거의 중앙부에는 직경이 30센티미터에서 1미터 정도 되는 이로리가 설치되어 취사, 난방, 조명으로 사용되었다. 먹거리는 '날것'이 아닌 불에 익힌 것을 먹었던 것으로 보인다.

불을 피울 때는 노송나무처럼 발화성이 강한 나무판에 딱딱한 막대기를 마찰시켜 불씨가 생기면 재빨리 마른 풀로 옮기는 마찰 방식으로 불을 피운 게 아닐까 추측된다. 수혈주택의 이로리는 지금도 시골마을에 남아 있는 이로리의 원형으로 보인다.

12,000년 전에 출현한 가장 오래된 조몬토기는 둥글고 바닥이 얕은 사발모양인데, 이 사발은 상수리나 도토리를 삶거나 떫은맛을 제거하기 위해 쓰였다. 이러한 취사용 토기가 일본 냄비의 원형이다.

| 2 |

쌀 문화의
시작

《일본서기》가 들려주는 '육지'와 '바다'와 '산'

선사 시대 일본의 특징은 동일본은 수렵·채집사회가 이어지고, 서일본은 한반도로부터 파상적으로 이주해온 농경민들로 인해 쌀 사회가 정착된 것이다. 이질적인 음식문화 교류의 역사이다. 수렵·채집 사회는 생활이 자연환경에 의해 좌우되는데, 우미사치·야마사치(일본 신화에 나오는 사냥을 잘하는 야마사치와 낚시를 잘하는 우미사치는 각각 산에서 나는 보배와 바다에서 나는 보배라는 말로, 먹거리의 뜻을 가지고 있다)의 이야기가 말해주듯 산과 바다에서 나는 식재료는 전혀 달랐다. 여기에 습지대로의 농경민의 이주가 있었던 것이다. 일본을 아름답게 칭하는 '풍요롭고 기름진 쌀의 나라'豊葦原の瑞穂라는 말처럼 벼를 재배하는 사회가 열도의 중심에 자리 잡게 되었다. 《일본서기》日本書紀(8세기에 완성된 일본에 현존하는 가장 오래된 역사서)에는 '음식'을 관장하는 우케모치 신에 관한 이야기가 등장하는데, 내용은 대략 다음과 같다.

아마테라스 신의 명을 받아 츠쿠요미는 아시하라노나카츠쿠니葦原の中つ国(천국과 지옥 사이의 세계)에 사는 우케모치 신을 만나러 갔다. 우케모치 신은 땅을 향하더니 '밥', 바다를 향하더니 '커다란 물고기, 작은 물고기', 산을 향하더니 '큰 짐승, 작은 짐승'을 입에서 꺼내 극진히 대접했다. 츠쿠요미는 입에서 토한 더러운 것으로 대접을 받았다고 생각하여 우케모치 신을 베어죽이고 타카마노하라로 돌아갔다.

이 소식을 들은 아마테라스 신이 아마노쿠마히토天熊人를 파견해 조사했더니 죽은 우케모치 신의 머리에서 소와 말, 얼굴에서 누에고치, 눈썹에서 누에, 눈에서 피稗, 배에서는 벼, 음부에서는 보리와 콩과 팥이 생겨났다. 아마노쿠마히토가 그것을 가지고 돌아오자 아마테라스 신은 무척 기뻐하며 그것을 백성들의 먹거리로 삼았다.

이 신화에서는 일본열도를 곡물을 재배하는 '땅'을 중심에 두고 물고기를 잡는 '바다'와 짐승을 잡는 '산'으로 나누고 있다. 농경사회가 종래의 어업과 수렵사회 위에 자리 잡은 것을 파악할 수 있다.

이집트, 메소포타미아 등의 대건조지대에서 탄생한 인류 4대 문명은 사막에서 태어난 문명으로, 곡물은 있었지만 자연계에 존재하는 다양한 식재료와는 인연이 없었다. 그에 비해 일본열도에서는 수렵·채집 사회가 지속되었고, '바다'와 '산'에서 나는 식재료가 쌀 문화와 공존하게 되었다.

일본열도에 상륙한 수전경작

기원전 5세기 무렵, 한반도와 가까운 기타큐슈에서 벼농사가 시작되었다. 사가현 나바타케 유적, 후쿠오카현 이타즈케 유적이 그것을 대변하고 있다. 벼농사는 그 후 약 100년 동안 세토나이해 연안에서 긴키 일대, 나아가 노히평야를 거쳐 간토 지방으로까지 퍼져나갔다. 대륙에서 상당한 대규모의 이주가 이루어진 것이 아니라면 이런 벼농사의 전파 속도는 설명이 불가하다.

그러나 간토 지방을 기준으로 동쪽으로는 수렵·채집사회가 강하게 뿌리내리고 있어 전파 속도가 급격히 저하되었다. 또한 오키나와에서도 조몬 문화가 장기간 지속되었다. 서일본에서 벼농사가 전파되고, 청동기가 보급된 기원전 4세기에서 기원후 3세기에 걸친 이 시기를 야요이 시대弥生時代라고 한다.

일본열도에서는 이주한 사람들의 출신지역에 따라 여러 문화권이 공존하게 되었다. 이는 지방에 따라 다른 제기祭器가 사용되는 것으로 분류할 수 있다. 동탁銅鐸(긴키 지방 중심), 평형동검平型銅劍(세토나이해 중부 중심), 동모·동과銅矛·銅戈(큐슈 북부 중심)의 세 문화권이다.

동탁은 한반도의 령鈴에 기원을 둔 것으로, 일본에서 대형화되었다. 마찬가지로 동검·동모·동과도 한반도에서 전해진 청동제 무기가 제기로 대형화된 것이었다. 이러한 청동기는 대량으로 제조되어 제사에 쓰였으며, 유력자 고분의 부장품이 되기도 했다.

사가현의 요시노가리 유적은, 대형 야구장만 한 규모를 가진 야요이 후기의 최대의 환호집락環壕集落(주변에 해자를 파서 외부의 공격으로부터 방어하는 형태의 집단 주거지)이다. 집락(마을)은 수혈주택 외에도 고상식高床式(기둥을 세워 바닥을 지면에서 높이 올려 설치하는 가구 구조) 창고, 거대한 망루 등을 갖추고 있었으며, 이중으로 판 해자에 둘러싸인 안쪽 해자의 바깥에는 흙을 쌓아 만든 방벽과 울타리가 있었다.

그러한 엄중한 방어시설로 보아 야요이 시대 후기에는 마을과 마을 사이에 격렬한 전투가 일상이었음을 짐작할 수 있다.

열대 자포니카에서 온대 자포니카로

일본열도의 주요 곡물은 '풍요롭고 기름진 쌀의 나라'라고 불린 것으로도 알 수 있듯이 쌀이었다. 일본의 문화는 쌀농사 문화라고 말해도 과언이 아니다. 그러나 문헌이 존재하지 않던 시대에 어떤 경로를 거쳐 어떤 순서로 어떤 종류의 쌀이 일본열도에 전해졌는지는 수수께끼다. 오늘날 미에현인 이세, 아마미오오시마 지방에서는 두루미가 볍씨를 물고 왔다고 하며, 동북부 지방에서는 인도나 당나라에서 몰래 들여왔다는 설이 있다.

쌀이 전해진 경로에 대해서는 중국 절강성浙江省의 하모도河姆渡 유적에서 직접 일본에 전해졌다는 설과, 한반도 경유설, 복수 경로설 등이 있으나 아직 분명하지 않다. 단 한반도의 서남부에 위치하는 흔암리 유적, 송국리 유적에서 자포니카(일본 쌀의 품종) 탄화미나 기타큐슈에서 사용하던 것과 같은 계열의 돌칼과 돌도끼가 발굴된 것이 주목할 만하다. 당연히 경작기술을 가진 사람들이 이주했을 텐데 당시의 항해기술이 서툴렀던 것을 감안하면 섬에서 섬으로 전래된 것이 아닐까 하는 추측도 가능하다.

현재는 5000~4000년 전 조몬 시대 후기에 속하는 오카야마현 소자시의 미나미미조테 유적이나 3000년 전 기타큐슈의 조몬 시대 유적의 습지나 화전에서 열대 자포니카가 재배되었던 것이 밝혀졌다.

현재 우리들이 먹는 것은 논에서 경작한 온대 자포니카이지만, 가장 오래된 논의 유적은 약 2500년 전으로 거슬러 올라간 사가현 카라츠시에 있는 나바나케 유적이다. 재배가 어려운 논에서 경작된 쌀은 귀했으며, 진상용 곡물로 재배되었을 것이다. 논농사는 북상하며 전해졌고, 2000년 전에는 아오모리까지 이르렀다. 아오모리현 이나카다테 마을의 타레야나기 유적이 그것을 증명하고 있다.

| 3 |

죽과 팥밥과
스시

멀건 죽과 된 죽

야요이 시대가 되자 수확한 쌀은 저장웅덩이에 쌓아두었다가, 나중에는 고상식 창고에 저장했다. 사가현의 야요이 시대 후기의 요시노가리 유적에서는 약 28평방미터 면적의, 바닥을 높인 대형 고상식 창고가 발견되었다. 쌀은 절구와 절굿공이를 사용해 탈곡해서 죽처럼 푹 끓여 먹었다. 훗날 밥물을 조정하게 되면서 물기가 많은 '멀건 죽'과 물기가 적은 '된 죽'으로 조리법이 나뉘게 되었는데 지금의 '밥'과 '죽'이다.

참고로 현재처럼 밥을 할 때 뜸을 들이는 조리법은 헤이안 시대(8~12세기)에 확립되었고, 쌀을 주식으로 먹게 된 무로마치(막부) 시대(14~16세기)에 널리 퍼졌다고 한다.

쌀이 들어오기 전 일본열도에는 좁쌀이나 피 같은 잡곡이 있었다. 서민은 재배가 어려운 쌀을 먹을 수 없었고 좁쌀이나 피에 산나물을 섞어 지은 '카테메시'(잡곡밥)를 주식으로 삼았다.

'죽'이 보급된 이유는 쌀 이전에 황하 유역의 건조지대에서 들어온 좁쌀 알갱이가 너무 작았기 때문이었다. 춥거나 무서울 때 모공이 수축하며 피부에 소름이 돋는 것을 일본에서는 '살갗에 좁쌀이 생긴다'고 표현하는데, 그것도 좁쌀이 아주 작은 알갱이라는 것을 말해주는 것이다. 좁쌀은 알갱이가 너무 작아 '죽'으로 만들지 않으면 먹을 수 없었던 것이다.

'죽'에서 '밥'으로의 화려한 변신

야요이 시대에는 토기에 쌀과 물을 넣고 끓인 '죽' 혹은 '미음'을 먹었다. 채소나 잡곡을 넣은 죽(쌀에 물을 많이 넣고 푹 끓여 무르게 만든 것이라 미음에 가깝다)이 일반적이었던 것 같다.

요즘도 1월 7일이 되면 무병장수를 빌며 미나리, 냉이, 떡쑥, 별꽃, 광대나물, 순무, 무 등 일곱 가지 나물이 들어간 나나쿠사가유七草粥를 먹는 풍습이 있는데, 그 흔적이 남은 것이라고 추정된다. '죽'이라는 조리법은 일본 외에도 중국, 한국, 태국, 인도네시아에서 볼 수 있는데, 중국과 한국에는 죽 전문점이 있으며 호텔 아침식사에도 채소 외에 고기나 해산물을 넣은 다양한 죽이 나온다.

쌀을 쪄서 먹으려면 시루(지금의 찜통)라는 도구가 필요했다. 그러나 시루가 일본열도에 전해진 것은 고분 시대古墳時代(250~500년경) 무렵이다. 시루는 후한·진나라 때 유목민이 황하중류를 점거한 후 난민 이주가 대대적으로 일어나면서 전해진 것으로 여겨진다. 일본 입장에서는 4세기 동아시아의 민족 이동으로 새로운 쌀의 조리법을 얻게 된 셈이다.

시루에 찐 쌀은 '찐밥'이라고 불렸다. 당시에는 적미米米인 '찹쌀'을 주식으로 먹었기 때문에 '밥'이라고 하면 현재의 '찹쌀밥'에 해당한다. 현재에도 경사스런 날에는 찹쌀에 팥을 섞어 팥밥을 하는데, 그것도 적미를 쪄서 먹던 시대의 흔적이라 할 수 있다. '죽'이나 '찐밥' 대신 지금의 '밥'이 등장하게 된 것은 헤이안 시대 말기이다. '밥'의 보급으로 끈기가 적고 부드러운 '멥쌀'의 재배가 확산되면서 철제 솥이 필요하게 되었다.

'찐밥'을 만들려면 '끓인다, 찐다, 굽는다'의 3단계를 거쳐야 한다. 그런데 마지막 단계인 수분을 날리는 '굽는' 것은 상당히 고온이어야 했다. 때문에 종래의 토기로는 조리가 어려웠고, 철제 솥이 필요해졌던 것이다.

'밥'은 종래의 '죽'(묽은 죽)보다 되기 때문에 '된 죽'이라고 불렸으며, 지금까지의 '찐밥'과 비교하면 훨씬 부드러웠기 때문에 '공주밥'이라고도 불렸다. '밥'이 민간에 보급된 것은 본토 전체에 벼농사가 확산된 가마쿠라 막부 시대(1192~1333) 이후인 무로마치 시대로 추정하고 있다. 지금 우리가 먹고 있는 '밥'이 보급된 것은 지금으로부터 약 500~600년 전이었던 것이다.

에도 막부江戶幕府(도쿠가와 이에야스가 세운 막부. 1603~1867) 시대가 시

나나쿠사가유 七草粥

일본인들은 매년 1월 7일이면 나나쿠사가유를 먹으며 무병장수를 기원하는 풍습이 있다. 죽에는 미나리, 냉이, 떡쑥, 별꽃, 광대나물, 순무, 무 등 일곱 가지 '봄나물'이 들어간다.

작되자 쌀은 더욱 중요시되면서 경제력을 나타내는 단위가 되었다. 영주의 녹봉액도 '석'(쌀가마니)으로 나타냈다. '카가백만석'이라는 말은 카가 영주의 녹봉이 쌀 백만 석이라는 뜻이다. 녹봉이 백만 석인 영주의 경제력이 어느 정도인가 하면 한 사람당 연간 쌀의 소비량이 약 한 가마니이니, 100만 명의 부하를 먹일 수 있는 힘을 가졌다는 말이 된다.

팥밥과 떡의 기원

팥을 섞어 찐 팥밥은 오늘날에는 경사스런 날에 먹지만 예전의 교토 등지에서는 흉한 일에 악귀를 물리치기 위한 목적으로 팥밥을 먹었다. 경삿날에는 오히려 메밥을 지어먹었다고 한다. 에도 시대가 되어서야 경삿날에 팥을 넣어 팥밥을 짓는 풍습이 일반화되었다. 경삿날에 팥과 찹쌀로 팥밥을 짓는 풍습은 한국에도 있다.

참고로 팥은 인도가 원산지인 작물로, 일본에서는 야요이 시대 초기부터 재배되었다. 시즈오카현의 토로 유적에서 출토된 유일한 콩류이기도 하다. 고대인은 팥의 붉은 색에서 주술의 힘을 느꼈고, 뱀에 물렸을 때 생 팥을 씹어서 상처에 바르면 해독작용을 한다고 믿었다. 팥에 들어 있는 숨은 힘이 액을 물리치고 인간의 생명력을 강하게 한다고 하여 찐밥에 팥을 섞었던 것이다.

당시의 쌀은 거의 찹쌀이었다. 고대인은 사냥을 나갈 때 찹쌀을 쪄서 뭉친 주먹밥을 가지고 갔다고 한다. 고대의 도시락이었던 셈이다. 그것은 가지고 다니는 밥이라는 의미로 '모치이이'라고 했는데, 훗날 '이이'라는 단어가 떨어져나가고 앞에 '오'가 붙으면서 '오모치'(떡)의 어원이 되었다고 추정하고 있다.

떡을 뜻하는 '병'餠이라는 한자는 본래 밀가루를 반죽해 찌거나 기름에 튀긴 것을 이르는 것이다. 하지만 비슷한 식감으로 인해 일본에서는 떡에 이 한자를 쓰게 되었다.

쌀을 이용한 저장식품 - 스시

일본을 대표하는 요리 가운데 가장 종류가 많은 것은 스시壽司, 즉 초밥이다. 스시는 '酸し', 즉 시다는 한자에서 왔다. 처음에는 '밥'을 사용하지 않고 생선, 육류, 조개를 소금에 절여 눌러서 숙성시켜 자연스레 신맛이 나게 된 식품이었다. 원래의 목적은 저장이었다.

헤이안 시대 중기에 편찬된 율령서 《연희식》延喜式(927)에는 각 지역은 스시를 세금으로 내라는 규정이 있는데, 이세 지방의 도미스시, 오미·츠쿠시 지방의 붕어스시, 와사카 지방의 전복스시, 사누키 지방의 고등어스시 등이 조정에 진상되었다. 여기에서 스시란 생선이나 육류를 소금과 밥 사이에 넣고 '밥'을 발효시켜 고기나 육류가 하얗게 숙성되면 먹는 숙성 스시를 말한다. 생선과 육류를 저장하는 것이 목적이었기에 밥은 먹지 않고 숙성된 육류와 생선만 먹었다.

현존하는 오미의 붕어스시 제조법은 붕어를 며칠 동안 소금에 절여두었다가 소금기를 뺀 후 나무찬합에 붕어와 밥을 층층이 번갈아 넣고 누름돌을 올려 1, 2년 숙성시킨 단순한 스시다. 교통수단이 발달하지 못했던 고대에 생선을 멀리까지 운반하기 위해서는 장기간 저장할 수 있는 대책이 필요했던 것이다.

무로마치 시대 후기에 이르러 스시를 먹는 방법에 변화가 생겼다. 본래 숙성 스시는 쌀이 발효하면서 뭉그러지기 때문에 밥은 먹을 수 없었지만, 발효기간을 줄여 밥이 뭉그러지기 전에 꺼내 발효된 밥과 생선, 조개를 모두 먹게 되었다.

그렇게 발효된 밥과 생선, 조개를 다 먹는 새로운 스시는 '나마나레'生成라고 불렸다. 정확히는 숙성의 뜻을 가진 '나마나레'生熟れ이다. 즉 요즘처럼 초밥에 생선을 올려먹는 생선초밥은 나마나레의 계보를 잇는 식품으로, 종래의 나마나레를 재조합한 조리법인 것이다.

참고로 스시는 한자로 '지'鮨자를 쓰지만, 그것은 중국의 생선으로 만든 젓갈을 의미하는 것이었다. 때문에 삭힌다는 뜻의 '자'鮓도 함께 썼다. 일본에서는 그렇게 두 개의 한자가 혼용되다가 언제부터인가 젓갈을 의미하는 '지'鮨가 더 많이 쓰이게 되었다.

귀했던 소금

해초소금의 출현

고기나 생선을 많이 먹던 수렵·채집 시대에는 동물이나 물고기의 내장에 축적된 염화나트륨을 함께 섭취할 수 있어서 소금을 추가로 섭취할 필요가 없었다. 그러나 곡물을 대량으로 먹게 되면서 곡물이나 채소에 포함된 칼륨이 나트륨을 몸 밖으로 배출시켜 버리는 바람에 따로 소금을 섭취하지 않으면 안 되게 되었다. 동물이나 생선 내장을 좋아하던 습관이 점점 사라지고 살코기 부분만 먹게 된 데에는 소금을 따로 섭취하게 된 배경과도 연관이 있다.

참고로 성인에게 필요한 소금의 양은 1년에 5~7kg이라고 알려져 있다. 소금을 대량으로 제조할 수 없었던 시대에는 소금이 무척 귀해서 제단에 올리거나 신전에 공양하는 팥밥에 깨와 소금을 뿌리는 등 소금으로 신을 기쁘게 하려는 풍습이 생겨났다.

암염岩塩이 적은 일본열도에서는 대부분 바닷물로 만드는 소금에 의존했다. 조몬 시대에는 토기에 바닷물을 넣고 끓이는 방법을 썼지만 그렇게 해서 얻을 수 있는 소금의 양은 극히 적었다. 야요이 시대에 이르러 폭이 넓고 얇은 '거머리말'이라는 건조하기 쉬운 해초를 사용해 소금을 얻는 '모시오야키'라는 방법이 쓰이게 되었다.

미야기현 시오가마시의 시오가마신사에는 소금제조법을 알린 것으로 전해지는 이자나기 노미코토(일본 신화에 나오는 창조신)의 자손이자 소금과 순산의 신인 시오츠치노오지노카미塩土老翁神를 모시고 있으며, 매년 모시오야키 제사가 열리고 있다. 해초를 바닷물에 담가두었다가 건조시킨 후 다시 통에 든 바닷물에 씻어 진한 소금물을 만든 다음 마지막에 토기에 넣고 끓이는 방법이 '모시오야키'이다.

소금제조법은 헤이안 시대가 되면서 염전법으로 변화한다. 헤이안 시대에는 바닷물을 통으로 육지로 퍼 날라 태양열로 증발시킨 후 여과한 다음 솥에서 끓여서 소금을 얻는 방법을 썼다.

일본 역사에 큰 영향을 준 '소금 길'

소금 섭취가 필요하게 되자 내륙에서 생활하는 사람들은 소금을 사야 했다. 소금장수는 큰 이익을 얻을 수 있었기 때문에 자연히 바다에서 내륙 산간지대로 향하는 '소금 길'이 열리게 되었다.

복잡한 지형으로 인해 수많은 소지역으로 나뉘어 있던 일본열도에는 강을 이용하거나 소나 등짐을 지고 소금을 운반하는 '소금 길'이 많이 생겼다. 생활필수품을 운반하기 위한 '소금 길'은 문화가 교류하는 길이었고, 소지역의 고립을 깨뜨리는 길이기도 했다. 내륙에 있는 마을들이 '소금 길'로 말미암아 바다와 이어진 것이었다. 4세기경 일본 최초의 통일 정권인 야마토 정권이 출현하는 데에는 세토나이카이와 같은 바닷길과 함께 '소금 길'이 큰 역할을 했을 것이다.

'소금 길' 중에서는 동북아해 니가타현 이토이 강에서 출발해 나가노현 시오지리로 가는 북염길과 태평양 연안의 시즈오카현 가케 강에서 출발해 시오지리로 가는 남염길이 유명하다. 시오지리^{塩尻}라는 지명은 소금 길의 종착점이라는 의미이다.

소금을 둘러싼 일화 중 전국 시대의 에치고(니가타현)의 우에스기 켄신이 적장 다케다 신켄에게 소금을 보낸 이야기가 유명하다. 스루가(시즈오카현 중부)의 이마가와 우지자네는 사가미(가나가와현)의 호죠 가문과 결탁해 가이(야마나시현)와 시나노(나가노현)로 가는 소금 운송을 금지함으로써 다케다 신겐의 힘을 무력하게 하려고 했다. 에치고에서 세력을 떨치던 우에스기 켄신이 그것을 알고는 생명 유지에 꼭 필요한 소금을 끊는 것은 비열한 행위라며 적장인 신겐에게 소금을 보냈다고 하는 일화이다. "적에게 소금을 보낸다."는 말은 이 고사에서 유래했다.

| 5 |

우무와 연어와
은어

일본 고유의 여름 식재료, 우무

사방이 바다로 둘러싸인 일본열도는 해초라는 특수한 식재료가 풍부했다. 우무는 우뭇가사리라고 하는 해초를 끓인 다음 눌러 짠 액을 식혀서 굳힌 것을 말한다. 이 우무는 일본 고유의 더위를 피하기 위한 식품으로 고대부터 많은 사랑을 받아왔다. 최근에는 다이어트식품으로도 인기가 높다.

일본에서 우무는 한자로 '心太'(심태)라고 쓰고, '코코로후토'라고 읽었다. 그것이 차츰 '코코로테'로 불리다가 마지막에 '토코로텐'이 되었다고 여겨진다. 참고로 원료인 '텐구사'(우뭇가사리)도 '토코로텐구사'라는 단어가 줄어든 것이다. 우뭇가사리의 일본 고유어인 '코고로모'는 이것을 삶으면 '니코고루'(응고된다)라고 해서 생긴 말이다.

나라 시대의 최대 이벤트는 쇼무천황^{聖武天皇}(724~749)에 의한 나라

우무

우무는 우뭇가사리라고 하는 해초로 만든 묵으로,
일본 고유의 더위를 식히는 음식이다.

현의 대불大佛 건립과 각 지방의 관립 사찰인 고쿠분지国分寺를 설립하는 일이었다. 천연두의 창궐을 부처의 힘으로 막으려 했던 것이다.

쇼무천황은 각 지방의 관립 사찰 고쿠분지에 배포할 경전인《정창원문서》正倉院文書의 필사에 많은 인재를 등용하게 되는데, 훗날 그들에게 먹였던 음식 중에 '우무'가 있었다는 사실이 밝혀졌다. 우무는 그렇듯 유서가 깊은 음식이었던 것이다.

우무의 원료인 우뭇가사리에 대해서는《연희식》에 "카즈사(치바현) 우뭇가사리, 아와(도쿠시마현) 우뭇가사리를 진상한다."고 기록되어 있는 것으로 보아 상당히 귀중한 식재료로 평가되었음을 짐작할 수 있다. 한편 우뭇가사리를 건조시킨 우무가 제품화되기 시작한 것은 에도 시대의 일이다.

야요이인의 은어와 조몬인의 연어

독특한 향과 담백한 맛을 자랑하는 은어銀魚는 예로부터 일본인이 상당히 즐겨먹던 생선이었다. 은어는 물속 돌말류를 먹이로 하기 때문에 독특한 향이 나고, 이로 인해 '향어'香魚라고도 불린다. 또한 산란 후 바로 죽는다 해서 '연어'年魚라고도 불렸다. 그래서 은어는 대부분 소금에 절여 저장했다.

일본열도에 이주한 야요이인은 은어를 귀중한 단백질원으로 여겼고, 기타큐슈와 야마토분지(나라현)에서도 은어는 귀한 대접을 받았다. 그래서 은어에는 구즈우오国栖魚('구즈'国栖는 나라현의 요시노가와 강에서 살던 고대 일본인)라고 하는 별명도 있다.

산간지역이 많은 일본열도는 또한 강의 열도이기도 하다. 때문에 사람들의 생활에 은어는 밀접한 관련이 있었다. 꼬치에 꽂아 이로리 囲炉裏(농가 등에서 마룻바닥을 사각형으로 도려 파고 난방용, 취사용으로 불을 피운 것)에 쬐어 건조시킨 히보시은어, 소금물에 삶고 불에 말린 니보시은 어, 소금과 밥으로 삭힌 스시은어, 내장으로 젓갈을 만든 우루카 등 지방마다 은어의 조리법은 매우 다양했다.

옛 도읍이었던 후지와라쿄(나라현) 자리에서 출토된 목간木簡(종이가 발명되기 이전에 죽간과 함께 문자 기록을 위해 사용하던 목편)에도 은어의 이름 이 기록되어 있다. 각 지방의 명산지에서 은어가 진상되었다는 것을 알 수 있는 부분이다.

전국 각지에서 올라온 숙성 스시 중에서도 은어는 대표 주자였 다. 나라 시대에는 가마우지를 길들여 여름밤에 모닥불을 피워놓고 은어를 잡게 하는 '우카이', 겨울에는 대나무를 엮어 울타리를 치듯이 시냇가에 설치해두고 끝부분에 대나무로 촘촘히 엮은 그물을 매달아 물고기를 잡는 '아지로' 등으로 은어잡이를 했다고 한다.

은어에 '메기 점鮎'자를 쓰는 것은 진구황후神功皇后가 삼한을 정벌 할 때 히젠마츠우라(사가현과 나가사키현)의 타마시마에서 은어를 잡아 전운을 점쳤다는 고사에서 유래했다는 설이 있다. 그래서 일본에서는 은어를 한자 '鮎'(아유, あゆ)으로 표기하지만 중국에서 '鮎'은 메기를 의 미한다. 그래서 메기를 표기하는 한자가 필요해졌고, '메기 염鯰'이라고 하는 일본 고유의 한자가 생겼다.

은어잡이

은어는 일본인들이 상당히 즐겨먹던 생선이었다.
나라 시대에는 가마우지를 길들여 여름밤에 모닥
불을 피워놓고 은어를 잡았다고도 한다.

동일본의 조몬인에게는 간단히 포획할 수 있었던 연어가 귀중한 단백질원이었다. 아이누 문화에서 연어와 홋카이도사슴은 신이 하늘에서 뼈를 뿌려 널리 번식시킨 특별한 존재로 간주된다.

태평양 해안에서는 일본열도를 따라 흐르는 난류인 쿠로시오의 영향을 받아 연어는 '쵸우시가리'(서해에 연어 없고, 동해에 병어 없다)라고 할 정도로 도네가와 강의 수계가 남쪽 한계선이며, 동북아해 쪽으로는 기타큐슈까지 분포했다.

참고로 고대 일본에서는 해산물을 기본으로 한 '제철' 식재료를 조정에 바치는 풍습이 있었다. 해산물을 진상하는 해산물부서를 통괄한 것은 아즈미노 일족 가운데에서도 야마토 정권으로부터 '무라지'連라는 칭호를 받은 이들이었다.

연어는 대체로 염장을 해서 진상되었고, 주로 도읍과 가까운 시나노, 와카사(후쿠이현), 에치젠(후쿠이현 동북부), 에치고(니가타현), 탄바(교토, 효고현), 탄고(교토 북부), 타지마(효고현 북부) 등 동북아해 연안 지역에서 진상되었다.

에도 시대까지는 특히 시나노가와 강의 수계가 연어, 송어의 대량 어장으로 유명했다. 도야마, 니가타, 기후, 나가노를 잇는 히다산맥의 산자락에 어민 아즈미노 일족과 관련이 깊은 아즈미노(마츠모토 분지의 다른 이름)라는 지명이 있는 것은 그 때문이다.

연어라는 이름의 유래는 아이누어로 '여름 음식'을 의미하는 '샤켄베'(사크이페)라는 설, 살이 붉어 술에 취한 것 같다고 해서 '사카케'(술)가 변화한 것이라는 설이 있다. 참고로 일본에서는 연어를 뜻

하는 한자로 '鮭'(해)자를 쓴다. 이를 지금은 '사케'라고 읽지만 원래는
'후구'라고 읽는 것이 맞다.

제2장

대륙에서 전래된
음식문화

| 1 |

견당사와
음식문화

불교의 전래와 '육식금지령'

4세기부터 6세기에 걸쳐 오호^{五胡}라고 불리는 흉노^{匈奴}, 갈^羯, 선비^{鮮卑}, 저^氐, 강^羌 다섯 유목민족에 의한 황하 유역 점령과 수·당^{隋·唐} 제국의 출현으로 동아시아는 격변기를 맞는다.

제1단계는 4세기에 시작되었다. 서진^{西晉} 시대에 일어난 '팔왕의 난' 당시에 '호기'^{胡騎}로 활약한 '오호'로 총칭되는 유목민족이 고대 중국의 중심지인 황하 유역을 점령하면서 오호십육국 시대(316~439)가 열린 것이다.

혼란이 거듭되면서 생활이 힘들어진 한인^{漢人}은 강남^{江南}이나 한반도를 향해 대규모 이동을 하게 되고, 그 영향은 일본열도에까지 미쳤다. 새로운 농업기술, 생활양식, 기마기술의 전래가 그것이었다. 특히 말과 기마기술은 왕족들의 권력관계를 재편하며 야마토 정권의 성립으로 이어졌다.

중국은 420년, 유목민족을 중심으로 하는 북조와 쌀농사를 중심으로 하는 남조로 나뉘는데, 6세기 말 수나라의 고구려 원정으로 한반도는 전란의 시대로 접어든다. 동아시아 대제국의 성립이 한반도와 일본열도에 큰 영향을 끼친 것이다.

이 시대에는 유목민의 진출과 함께 유목식 생활습관과 서방 불교가 동아시아 세계에 들어와 퍼지기 시작했다. 고분 시대에는 신문화를 접한 사람들의 이주가 시작되어 6세기 중엽 한반도를 경유해 불교가 전래되면서 '음식'을 포함한 일본문화에 큰 변화가 일어났다. 이윽고 살생과 육식을 금하는 명령이 내려지게 된다.

7세기 초에 당나라가 세워지자 야마토 정권은 한반도 진출을 목표로 신라와 동맹을 체결해, 한반도와 밀접한 관계를 맺게 되었다. 고구려와 백제가 멸망하자 야마토 정권은 백제의 망명자들을 받아들이게 되었는데, 그때부터 지배층 사이에서 '장醬'과 같은 새로운 음식문화가 퍼지게 되었다. 전통 음식문화와 외부에서 유입된 음식문화의 이중구조가 생겨난 것이다. 이후 오랜 기간에 걸쳐 음식문화의 세대교체가 진행되었다.

불교는 일본열도의 육식문화를 크게 퇴보시켰다. 텐무천황天武天皇 (673~686)은 살생을 금지하는 명을 내려 소, 말, 원숭이, 닭 등의 육식을 엄금했다. 이후 역대 천황들도 '육식금지령'을 이어갔다. 중국에서 불교의 불살생계는 일부 승려나 신도들의 계율일 뿐 일반 서민에게는 해당되지 않았지만 일본에서는 그렇지 않았다. 일반 서민에게도 계율이 강요되었다는 점에 큰 차이가 있다.

그 와중에 오슈奧州(후쿠시마·미야기·이와테·아오모리 현)의 사금砂金을 이용해 조직적으로 중국 당나라 문명을 수입하기 위한 견당사遣唐使가 파견되었고, 이를 통해 새로운 식재료와 요리가 유입되었다. 그 결과 당나라에서 전래된 음식문화를 받아들인 귀족의 식사와 전통적인 서민의 식사 사이에는 큰 차이가 생기기 시작했다.

견당사가 전한 당나라 음식문화

고대 일본의 큰 이벤트는 견당사 파견이었는데, 그것은 조직적·체계적으로 당나라 문화를 받아들이는 경로이기도 했다. 당 제국이 건국된 지 얼마 지나지 않은 630년에 첫 파견이 이루어진 후 894년에 폐지될 때까지 264년 동안 총 190여 차례의 견당사단의 파견이 이루어졌다. 참고로 《일본서기》에서는 견당사를 '서해사'西海使로 기록하고 있다.

견당사단의 규모는 초기에는 245명이었으나 후반 110년 동안은 500여 명으로 늘어났다. 그러나 대부분 배를 모는 선장과 수리를 하는 선원들이었고, 지식인은 30명에서 40명에 불과했다. 많아도 50명에서 60명을 넘지 않았다고 한다.

견당사단은 대사, 부대사를 비롯한 외교사절, 선장과 선원, 통역사, 음양사陰陽師(옛날 궁중의 한 부서에 속하여 점, 풍수지리 등을 관장한 벼슬. 현재는 점쟁이를 가리킴), 의사, 화가, 음악장, 악사 외에 학승과 학생 및 그

하인들로 구성되어 있었다.

견당사단은 당나라에 도착하면 국서와 공물을 바쳤다. 당나라 측도 답례품을 사절단에게 전했으며, 사절단 일행 각자에게도 물품을 하사했다. 일종의 관영무역이었던 셈이다. 당나라 측이 견당사단에게 주었던 것은 주로 비단과 향신료, 한약이었다. 사절단 중에는 당나라 국법을 어기고 당나라 물건을 마구 사들이는 이들도 많았다. 주로 일본에 가져와 팔면 비싼 값을 받을 수 있는 물품들이었다. 따라서 식품 위주는 아니었던 것 같다. 유학승이나 학생의 학습기간도 몹시 짧았는데, 아베노 나카마로 승려와 같은 경우를 제외하고는 1, 2년이 기본이었고 5년 넘게 체재하는 경우는 극히 드물었다.

그래서 일본에 전해져 확산된 식재료나 조리법은 매우 한정적이었다. 그러나 많은 사람들이 페르시아인, 터키인 등이 혼재하는 당나라 국제도시 장안長安에서 도시생활을 체험하고 모던한 음식문화의 분위기를 일본 궁정에 전했다. 그때부터 궁정의 '음식'과 서민의 '음식' 사이에 간극이 벌어지기 시작했다.

당나라의 음식문화가 다면적으로 유입되었다는 것은 정창원正倉院 (쇼소인)에 소장되어 있는 은식기, 유리식기, 문양이 새겨진 유리그릇, 페르시안 칠호병, 당삼채 도기 등에서도 알 수 있다. 금속제 젓가락도 숟가락과 함께 쓰이게 되었다.

| 2 |

모던한 젓가락의
전래

쇼토쿠태자 시대에 시작된 젓가락 사용

고대 중국에서는 젓가락과 숟가락을 다 사용했으며, 한반도에서
도 신라 시대 무렵부터 청동제 젓가락과 숟가락을 사용하였다. 수저
라는 말이 있듯이 지금도 숟가락과 젓가락을 같이 사용하고 있다. 참
고로 한국에서는 밥은 숟가락으로, 반찬은 젓가락으로 먹는 것이 식
사예절이다.

한국에서는 밥그릇을 손에 들면 안 되고 밥은 숟가락을 사용해
먹어야 하는 것이 식사예절이다. 숟가락이 주요 도구가 된 데는 고대
중국의 주식이었던 좁쌀죽에 그 근원이 있다. 오랜 세월 중국의 지배
하에 있었던 베트남의 경우에도 반찬은 젓가락인 '두어'로 먹고, 밥은
젓가락 또는 숟가락인 '티어'로 먹는다.

3세기에 편찬된 《위지왜인전》^{魏志倭人傳}을 보면 왜인은 손으로 밥을

먹는다고 기록되어 있는데, 그것을 보면 야마타이국耶馬台国(3세기 무렵 일본 큐슈 일대에 있던 나라)의 여왕 히미코는 젓가락을 사용하지 않았던 것 같다. 일본에서 젓가락을 사용하기 시작한 것은 7세기 초기로 거의 쇼토쿠태자聖德太子(574~622) 시대가 되어서였다.

헤이안 시대의 조정에서는 수저받침대에 은수저와 버드나무수저를 나란히 놓고 밥은 버드나무 젓가락으로, 나머지는 은젓가락을 쓰는 식으로 했다고 한다. 원래는 모던한 식기로 숟가락과 젓가락이 세트로 들어왔으나, 숟가락으로 밥을 먹는 것이 불편해서 두 종류의 젓가락만 번갈아 사용하게 된 것 같다. 일본의 식탁에서는 차츰 숟가락이 모습을 감추었고, 만능 도구인 젓가락을 사용하게 되었다.

그러나《침초자》枕草子를 보면 창호지문을 사이에 두고 들리는 소리만으로 식사 모습을 묘사한 부분이 있는데, "젓가락과 숟가락이 달그락거리는 소리가 들리는 것이 흥미롭다."고 되어 있다. 이를 통해 헤이안 시대 귀족의 식사에서는 숟가락과 젓가락이 함께 사용되었던 것으로 추측할 수 있으며, '달그락거리는'이라는 표현으로 보아 숟가락과 젓가락은 금속제였던 것 같다.

무로마치 시대에는 조리용 젓가락을 용도별로 나누어 해산물을 집는 '마나바시'와 식물성 식재료를 집는 '사이바시'로 구분했고, 손님께 음식을 덜어줄 때 쓰는 '토리바시', 식사용으로 쓰는 '고젠바시'로 구분하는 등 세밀하게 구분했다. 젓가락만을 도구로 쓰는 일본 식탁이 확립된 것이다. 불에 익히지 않은 재료가 많은 일본의 요리, 세밀한 방법을 좋아하는 일본의 문화가 젓가락의 다양화를 불러온 것이다.

중국의 젓가락은 큰 접시에서 요리를 나눌 때 필요하기 때문에 상당히 길게 만들어졌고, 처음부터 끝까지 거의 같은 두께이다. 그러나 생선이 주요 식재료인 일본의 젓가락은 끝을 뾰족하게 깎아 처음과 끝이 같은 두께가 아니다. 그런 젓가락은 '자르는' 것이 주 기능인 요리에 대응하는 일본 고유의 변형이다.

젓가락 문화의 뿌리

황하문명에서 주식이었던 좁쌀은 뜨거운 죽으로 만들어 먹는 일이 많아 숟가락이 꼭 필요했다. 뜨거운 죽은 손으로 먹을 수 없었던 것이다.

가루로 만들어 면을 뽑는 밀이 서방세계에서 중국으로 전해진 것은 한나라(BC 202~AD 220) 시대가 되어서였다. 은나라(BC 1600~BC 1046), 주나라, 춘추전국, 진나라 시대에는 좁쌀과 피로 끓인 뜨거운 죽을 많이 먹었다고 한다.

두 개의 긴 막대를 쥐고 하나는 고정시킨 채 다른 하나를 자유롭게 움직이며 온갖 물건을 집을 수 있는 만능 식사도구인 젓가락은 단순하지만 다양한 사용법이 있다는 이점으로 한국, 일본, 베트남에 전해지면서 동아시아문명권 공통의 식사도구가 되었다. 젓가락 문화는 중화문명권, 동아시아문명권을 모두 아우른다.

중국에서는 BC 11세기 은나라 주왕이 상아로 젓가락을 만들었다는 이야기가 전해오는 것으로 보아 젓가락을 지금으로부터 3000년도 더 이전인, 공자(BC 551~BC 479)가 활약하기 훨씬 전부터 사용해왔다는 것을 알 수 있다. 그런데 처음에 젓가락은 일상 식사에서가 아니라 종교적 의식을 통해 확산되었던 것 같다.

은나라는 다양한 종류와 모양의 청동기를 제조했는데, 그 대부분은 제기였다. 사용이 불편한 금속 막대인 비싼 젓가락을 굳이 사용한 이유는 신께 바치는 제물을 더럽히지 않으려는 의도로 짐작된다. 따라서 젓가락은 종교적인 색채가 강한 신성한 식사도구였을 것이다.

춘추 시대 제나라의 명재상 관중管仲(?~BC 645)이 저술한 《관자》管子에 밥은 손에 들고 먹고 '뜨거운 것'은 젓가락이나 숟가락을 사용했다고 기록되어 있는 것으로 보아 젓가락이 보조적인 식사도구였음을 알 수 있다.

한나라 시대가 되면서 왕족들 사이에서는 젓가락 사용이 일반화되었다. 가령 《사기》史記에는 군사軍師인 장량張良(?~BC 168)이 식사 중에 고조(유방, BC 202~BC 195)의 젓가락을 빌려 천하의 정세를 설명했다고 기록되어 있다. 또한 중국 호남성 장사長沙 지방에서 발굴된 한나라 시대 무덤인 '마왕퇴馬王堆(BC 168)에서는 주칠을 한 훌륭한 젓가락이 출토되었다.

참고로 중국에서는 현재의 일본과 마찬가지로 식사가 끝난 후에 젓가락을 밥그릇에 가로로 올려놓는 것이 예절이었다. 그러나 중국에 진출한 기마유목민이 칼과 마찬가지로 젓가락을 밥그릇 위에 세로로 올려놓았기 때문에 송나라(960~1279) 이후에는 세로로도 놓게 되었다. 이후 명나라를 세운 홍무제(재위 1368~1398)가 젓가락을 가로로 놓는 것을 무척 싫어했기 때문에 지금처럼 세로로 놓는 것이 식사예법으로 정착되었다고 한다. 젓가락을 놓는 방법은 일본이 가로, 중국은 세로라는 차이가 있다. 참고로 베트남도 중국과 같다.

| 3 |

유제품의 맛은
유목민의 맛

당나라에서 전해진 버터와 치즈

일본에 불교문화가 퍼지면서 육식이 금지되자 단백질원 확보에 큰 문제가 생겼다. 그러던 중 당나라에서 수우酥(치즈), 라오酪(연유), 다이고醍醐(버터)와 같은 유제품들이 전해졌다. 지금까지 먹어본 적이 없던 유제품은 일본 궁정에서 가장 모던한 식품으로 받아들여져 귀족들 사이에서 유행했다. 불교의 전래로 먹을 수 없게 된 육류 대신 단백질 공급원으로서의 역할을 하게 된 것이다.

흔히 '가장 훌륭한 맛'을 '다이고미'醍醐味라고 표현한다. 이를 통해서도 알 수 있듯이 당나라의 분위기를 전하는 유제품은 상당한 호평을 받은 것 같다.

일본의 고분 시대에 해당하는 위진남북조魏晋南北朝 시대는 유목민의 황하 유역 진출과 함께 유목문화와 서아시아 문화가 중국에 확산된 시기였다. 양고기를 먹는 풍습, 양이나 소 등의 젖을 이용하는 풍습이 중국 사회에 전해진 것이었다. 수 제국과 당 제국도 그 연장선상에 있었다. 불교도 그러한 시대의 파도를 타며 중국, 한반도, 일본열도로 전래되었지만 육식과 유제품이라는 유목민의 음식문화는 일본열도까지 파고들지 못했다.

그런데 불교를 수용한 일본의 귀족층에서는 고기를 먹는 일을 점점 기피하게 되었다. 가령 657년 포고된 살생금지령은 "소, 말, 개, 원숭이, 닭 등의 고기를 먹는 일을 금한다."고 기록되어 있다. 그 후로도 역대 천황들에 의해 살생금지령, 육식금지령이 내려졌다. 그러자 귀족들은 새로운 단백질원을 찾아야 했다. 이런 이유로 당나라에 파견되었던 견당사들이 가져온 유제품이 각광을 받게 되었다. 귀족들 사이에서 강장제로 귀한 대접을 받게 된 것이다.

640년대에는 당나라로부터 우유를 먹는 풍습이 전해졌다. 8세기 초기에 편찬된 《대보령》^{大宝令}에 의하면 궁중에 젖소원이 설치되었고, 그곳에서 '수우'^酥라는 식품이 만들어져 약으로 이용되었다고 한다. 900년대 중엽 편찬된 《연희식》^{延喜式}에는 조정이 각 지방에 '뉴코'^{乳戸}를 설치하고 젖을 짜서 달인 '수우'를 11월 이전에 진상하게 했다는 기록이 있다. 또한 "우유 한 말을 달여서 수우 한 되를 얻는다."고 기록된 것으로 보아 우유를 10분의 1로 조려 '수우'를 만들었다는 것을 알 수 있다.

'수우'는 치즈와 같은 것이다. 또 그 지방분을 모아 만든 '라오'^酪는 연유와 같은 것이었으리라고 짐작된다. 또한 '라오'에서 얻을 수 있었던 '다이고'醍醐는 버터에 해당하는 것이라고 추측하고 있다. 최상의 맛을 형용하는 '다이고미'醍醐味는 우유를 정제해 농축시킨 '제호의 맛'을 의미하며 버터의 농밀한 맛이 귀족들에게 사랑받았음을 알 수 있다.

불교 경전 《열반경》涅槃經에는 "우유에서 연유, 연유에서 치즈, 치즈에서 버터를 만든다. 버터는 최상의 맛이다."라고 기록되어 있다. 그러나 당나라 선진 문화에 대한 동경이 사그라지며 점점 육식을 하지 않게 되자 일본에서는 버터와 치즈의 맛이 잊혀갔다. 우유가 일본인 체질에 맞지 않았던 것도 유제품이 사라지게 된 이유 중 하나일 것이다. 현재에는 '익숙'해졌기 때문에 체질개선이 되었지만, 예전에는 우유를 마시면 설사를 하는 사람들이 많았다.

| 4 |

낫토와
경단과 우동

기원을 알 수 없는 끈끈한 낫토

낫토納豆는 아시아 벼농사지대의 일반적인 발효식품이며, 서민들 사이에 널리 퍼진 음식이다. 하지만 그 기원은 명확하지 않다. 낫토를 크게 분류하면 누룩을 사용하는 시오카라낫토와 테라낫토, 낫토균을 사용하는 이토히키낫토 두 종류로 나눠진다. 이 두 종류는 '메주'豉(시) 라 하여 강백康伯이라는 사람이 서역에서 들여온 것으로 한나라 이후 에 만들어졌다는 설이 있다. 나라 시대 정창원문서 《연희식》 등에도 '메주'가 등장한다. 메주는 달지 않은 낫토콩과 같은 것이었다. 그러나 견당사들이 가져온 선물로 얼마나 만들어졌는지는 확실하지 않다.

'낫토'라는 단어가 처음 등장한 것은 11세기 중엽 후지와라노 아 키히라가 저술한 《신원락기》新猿樂記이다. 시오카라낫토가 일본 사회에 정착한 것은 가마쿠라 시대 이후로, 이 시대에 중국의 사찰에서 '간식'으로 즐겨먹던 시오카라낫토가 일본에 전해지면서 일본의 음식문화에 녹아들었다. 시오카라낫토는 교토의 덴류지天龍寺, 다이토쿠지大德寺와 같은 사찰에서 많이 만들었는데, 이는 낫토가 승려들에 의해 중국에서 유입되었음을 보여준다. 이로 인해 '낫토'라는 이름이 사찰의 낫쇼(공양물을 바치는 곳)에서 유래했다는 설도 있다. 메이지 시대에 도쿄에서 만들어진 아마낫토는 이러한 시오카라낫토를 변형한 것이다.

보통 낫토라고 하면 '이토히키낫토'를 말한다. 이토히키낫토의 기원에 대해서는 후삼년전쟁後三年の役(11세기 일본 헤이안 시대에 도호쿠 지방의 무쓰국과 데와국에서 지역의 패권을 놓고 일어난 전쟁) 당시 무장 미나모토 요시이에가 오슈로 향하던 도중, 히타라(이바라키현) 진영에 머물 때 말 먹이인 지푸라기 위에 버려져 있던 삶은 콩이 실타래처럼 늘어지며 발효되어 있는 것을 발견한 것이 시초라는 이야기가 있다. 그러나 그것이 사실인지는 알 수 없다. 볏짚에 붙어 있던 낫토균이 우연히 삶은 콩과 만나 발효되었을 수도 있고 누군가에게 발견되었을 수도 있다. 그렇듯이 이토히키낫토는 일상에서 우연히 생겨난 식품이다.

쌀과 낫토의 밀접한 관계

외국인들은 낫토의 냄새와 실타래처럼 죽죽 늘어지는 끈기를 싫어하는 경우가 대부분이다. 그러나 낫토의 그러한 식감을 일본인들은 오히려 좋아한다. 음식문화를 지탱하는 '미각'은 각기의 음식문화가 걸어온 역사나 지리적 환경과 깊은 연관이 있는 듯하다.

낫토는 앞에서도 말했듯이 벼농사와 밀접한 관계를 지닌 발효식품이다. 벼이삭을 잘라내면 볏짚이 남는데, 콩을 삶아 볏짚 속에 넣어두면 거기에 있는 낫토균으로 인해 간단히 낫토가 만들어지는 것이다. 즉 낫토는 벼농사의 부산물이다.

낫토균이 콩의 단백질을 분해하는 과정에서 감칠맛의 근원이 되는 글루타민산을 포함한 아미노산이 만들어지고 비타민 B_2가 원래보다 3배에서 4배로 증가하기 때문에 맛도 있고 영양분도 풍부한 식품이 된다. 낫토 고유의 냄새는 코코아콩과 같은 테트라메틸피라딘이지만 간장이나 절임식품과 비슷하기 때문에 일본인에게는 별다른 반감없이 사랑받는다. 식감 역시 일본에서 자주 먹는 자포니카 쌀처럼 부드럽고 끈기가 있다.

불교가 전해지면서 육식이 금지되고 동물성 단백질을 섭취할 수 없었던 일본에서는 낫토가 두부와 함께 주요한 단백질원으로 오랜 세월 동안 사람들의 건강을 지켜왔다.

미소味噌(일본식 된장)를 만들 때 '삶은 콩'을 볏짚으로 만든 찜통 위에 펼쳐놓고 다시 볏짚을 덮어 발효시키는데, 그때 온도가 낮으면 된장의 원료인 누룩이 생기고, 습도가 높으면 '낫토'가 된다. 그래서 에도 시대에는 된장과 '실패작으로 태어난 낫토'를 재조합한 국물요리가 발전하게 되었다고 한다. 그렇게 생각하면 된장(미소) 문화가 콩과 낫토균과의 인연을 맺어주었다고, 된장을 중매쟁이로 낫토가 밥과 인연을 맺었다고 할 수 있다.

고이즈미 타케오(농학박사, 발효학자이자 문필가) 씨에 의하면 중국 운남성 서쌍판납西双版納 지방의 일부에서는 '토스豆司'라는 반발효 낫토를 먹고 있으며, 미얀마의 메콩강 유역에 사는 샨족도 낫토를 만든다고 한다. 물론 그 지역의 음식문화 특성상 일본과는 달리 기름에 튀기거나 생선과 함께 볶아서 먹는다.

운남 지역은 벼농사의 발상지로도 추정되는 곳이다. 그러므로 낫토는 벼농사와 함께 무척 오래전부터 생겨났고 쌀과 함께 각지로 퍼졌다고 짐작할 수 있다.

동남아시아부터 서일본에 걸친 상록활엽수림지대에 오랜 세월에 걸쳐 쌀 문화와 함께 이토히키낫토가 전파된 것은 아닐까 하는 추측도 가능하다.

경단은 고대의 모던한 식품이었다

일본 나라 시대부터 헤이안 시대 초기까지 당나라로부터 견당사단의 답례품으로 밀가루를 사용한 과자가 많이 전해졌다. 8종류의 당과자唐菓子(카라쿠다모노), 14종류의 병과(떡류)가 그것이다. 원래 일본의 과자는 '콰시'라고 해서 나무열매를 건조시킨 것을 말하는데, 그것과는 달리 밀가루를 사용해 만든 '카시'가 당나라에서 새롭게 전해진 것이다.

한자로 쓰면 '콰시'와 '카시'는 둘 다 '菓子'로 표기하므로 구별할 수 없지만, 전혀 다른 당나라 과자가 새로 전해진 것이다. 당시의 당나라 과자는 콩떡, 팥떡, 밀가루반죽을 참기름으로 볶은 전병煎餠(센베이),

쌀과 보릿가루를 꿀이나 조청과 섞어 굳힌 환병環餠(마가리), 시루에 쌀가루를 안치고 켜켜이 깨고물을 뿌려서 찐 호마병胡麻餠(고마), 현재의 소면의 원형이기도 한 밀가루와 쌀가루를 함께 반죽해 노끈처럼 가늘게 꼬아 기름에 튀긴 삭병索餠(사쿠헤이) 등이 있었다. 그중에서도 가장 주목받은 것은 경단이었다.

지금은 '경단'団子과 '떡'餠의 차이가 상당히 모호하다. 그러나 사전을 찾아보면 경단은 '가루를 반죽해 둥글게 만들어 찌거나 삶은 음식'이라고 나와 있으며, 떡은 '찹쌀을 쪄서 절구에 넣고 끈기가 생길 때까지 찧어서 둥글게 만들거나 평편하게 만든 음식'이라며 명확하게 구별하고 있다. 떡의 역사에 비하면 경단의 역사는 무척 짧다. 맷돌로 보리를 빻게 되면서 경단이 처음으로 등장한 것이다. 경단은 가루음식의 새로운 심벌이기도 하다.

경단은 일본에서 한자로 '団子'외에 '団粉'이라고도 쓰는데, '団'은 '모으다'라는 의미로 가루를 모아 만든 방식에서 붙은 이름이다. 뒤에 붙는 '子'는 애칭이다.

조몬 시대의 일본인은 상수리나무나 졸참나무의 열매를 갈아 동그란 모양의 떡을 만들어 먹었는데, 그것을 '시토기'라고 불렀다. 신전에 바치는 쌀가루로 만든 떡도 '시토기'라고 부르는데, 그것은 나무열매가루로 만든 떡을 쌀가루로 만든 떡으로 대체했기 때문일 것이다. 아이누어로는 나무열매가루로 만든 떡을 '시토'라고 부른다.

견당사들의 공적은 당과자처럼 밀을 사용하는 식품을 들여온 것이었다. 가루로 만든 밀이 식재료로 널리 이용되기 시작한 것이다. 그러나 밀이 식재료가 되려면 맷돌이 필요했다. 밀은 가루로 만들지 않으면 먹을 수 없기 때문이다.

경단은 당나라에서 온 밀가루를 반죽해 만든 식품으로, 원래는 당과자의 일종이었다. 이름의 유래는 명확하지 않지만, 당과자의 당희團囍가 변해서 된 말이라는 설이 있다. 일본어로는 '단키'라고 한다.

《일본서기》에 따르면 610년(스이코 18년)에 고구려의 승려 담징이 맷돌을 들여와 곡류로 만드는 가루음식을 가르쳤다고 한다. 맷돌은 중국어로는 연애碾磑이며, 일본식 발음은 '덴가이'다. 나라현의 도다이지東大寺에는 '덴가이문'이라는 명칭이 있으며, 그곳에서 맷돌을 사용했다는 기록도 남아 있다. 그때까지는 쌀을 비롯한 곡물은 모두 '알곡'으로 먹었다.

일본에서는 알곡음식 중에서 떡에만 '餅'이라는 한자를 쓰고 알곡을 빻아 가루로 만든 떡은 '경단'이라고 부른다. '떡'은 경단과 달리 알곡음식의 계보를 잇는 오랜 곡물 가공식품이다. 찹쌀뿐 아니라 좁쌀, 기장, 도토리 등으로 만든 것도 있다. 떡은 일본열도의 오랜 음식 문화에 뿌리내리고 있다. 신전에 바치는 떡은 특별히 '오소나에' 혹은 '오스와리'라고 불렸다.

에도 시대 때 편찬된 사전 《화훈표和訓栞》에 "경단은 団子라고 쓰며 서방(일본의 서쪽인 중국, 인도, 서양 등) 언어이다."라고 기록되어 있는 것으로 보아 '団子'는 외래식품의 총칭이었다. 새로운 경단은 불교제단에만 바쳐졌고 전통적인 신에게는 올리지 않았다. 경사스러운 날에도 쓰지 않았는데, 그것은 경단이 물레방아로 곡물 알갱이를 탈곡하는 획기적인 신기술의 전래로 만들어진 고대의 모던한 식품이었기 때문이다.

우동의 기원은 당나라 과자?

우동은 원래 견당사 일행이 당나라에서 들여온 '훈둔'混沌이라는 중국식 만둣국으로, 소면素麺(국수)도 '삭병'索餅이라는 과자였다고 한다. 여기서 '삭'은 '끈'이라는 뜻으로, '끈처럼 긴 밀병'이라는 의미가 된다.

'훈둔'은 밀가루로 만든 경단에 콩이나 팥소를 넣어 끓인 것으로 끓어오르는 경단이 빙글빙글 돌며 정신이 없다고 해서 붙여진 이름이다. 먹는 음식이다 보니 훗날 한자의 '삼수변'氵이 '먹을 식'飠변으로 바뀌어 '곤퉁'鯤飩이 되었고 뜨겁게 해서 먹는다 하여 '온퉁'温飩이 되었다가 지금의 '우동'饂飩이 되었다고 전해진다. 처음에는 현재의 우동과는 전혀 다른 음식이었던 것이다.

한편 '삭병'은 밀가루와 쌀가루를 섞어 소금을 넣어 반죽한 뒤 끈처럼 길게 늘여 꼬아서 기름에 튀긴 것으로 일본에서는 그 모양을 본떠 '무기나와'(꽈배기)라고 불렀다. 927년《연희식》에 의하면 삭병은 식초, 장, 소금, 당 등에 버무린 것으로, 주로 궁중에서 먹었으며 승려에게도 공양식으로 내려졌다.

헤이안 시대가 되면서 원래는 귀족들의 음식이었던 삭병을 거리에서 팔게 되었다. 헤이안 시대 말기의 설화집《금석물어》今昔物語에는 삭병이 뱀으로 둔갑한 이야기가 등장한다. 삭병은 점점 얇아져서 현재의 소면이 되었다.

밀을 사용한 식품은 무로마치 시대에 이모작의 후작으로 보리를 재배하게 되고, 송나라에서의 기술 도입으로 인해 제분용 맷돌이 민간으로 확산, 보급되었으며, 승려들에 의해 '딤섬'이라는 간식이 소개되면서 무로마치 시대에 확산되었다.

14세기에 이르러 삭병은 사쿠헤이 혹은 사쿠베이라고 불리게 되었으며, '소면'素麵이라는 단어가 문헌에 나타난다. 참고로 중국의 면은 지금도 일본의 소면을 굵게 뽑은 모습이다. 무로마치 시대 중엽에는 사쿠헤이가 사라지고 소면이라는 호칭이 일반화되었다.

이로써 우동과 소면은 원형을 잃고 현재와 같은 얇고 긴 형태로 변했다. 소면은 건조한 면이 되고, 반죽을 얇은 막대에 감아 늘려 자른 현재의 우동은 '기리무기'로 불리게 되었다. 바로 중국의 '절면'이다. '기리무기' 가운데 뜨겁게 먹는 것은 아츠무기, 차갑게 먹는 것은 히야무기라고 불리게 되면서 어느 사이엔가 '기리무기'는 우동으로 흡수되었다.

헤이안 시대 중엽부터 가마쿠라 시대 중엽에 해당하는 송나라 시대가 중국 면류의 완성기로, 밀대로 면을 늘려 칼로 잘라 형태를 잡게 되었다. 그러한 송나라 문화의 영향으로 면을 가늘고 길게 잘라 먹는 습관이 일본에서도 확산되었다고 추정된다.

'기리무기'에 대해서는 무로마치 시대에 명나라와의 무역 과정에서 중국에서 전해졌다는 설도 있다. 우동은 간사이 지방을 중심으로 발달해 간토 지방에도 전해졌다. 에도 시대에도 간분(1661~1673)까지는 주로 우동을 파는 음식점이 있었으며, 메밀국수집이 생긴 것은 쿄호

(1716~1736) 이후로 추정된다.

당나라 유학승 쿠카이가 전한 센베이

중국에서는 전한 시대부터 이미 센베이(전병)를 먹기 시작했다. 그 센베이의 제조법을 일본에 전한 사람은 당나라에서 유학하던 쿠카이空海라고 한다. 그가 당나라 순종에게 초대되어 대접 받은 요리 중에 '거북이 알'처럼 생긴 센베이가 있었다. 담백한 맛이 무척 마음에 든 쿠카이는 조리법을 배워 일본에 돌아오자 야마시로국山城國(현재 교토의 옛남부)의 오구라 마을에 사는 와사부로라는 사람에게 전했다고 한다. 와사부로는 갈근과 쌀가루에 과즙을 묻혀 구운 뒤 '거북이 알 센베이'라는 이름을 붙여 천황에게 진상했고, 이는 곧 전국으로 확산되었다.

센베이는 한자로 전병煎餅이라고 쓴다. 여기서 '전'은 끓이거나 달인다는 뜻이며, '병'은 밀가루 반죽으로 만든 경단을 의미한다. 원래는 현재의 센베이와는 달리 부드럽고 촉촉한 센베이로, 오래 저장할 수 없는 음식이었다. 지금도 촉촉한 센베이가 만들어지고 있기는 하다.

일본 다도茶道를 정립한 것으로 유명한 승려 센노 리큐의 제자 중에는 코우베이라는 인물이 있었는데, 오닌의 난応仁の乱 이후 황폐해진 교토에서 간편하게 먹을 수 있는 음식이 없자 밀가루반죽에 설탕을 넣어 구운 과자를 고안했다. 그것이 지금의 센베이와 비슷한 딱딱한 센베이다. 이 과자는 센노 리큐의 앞 글자와 코우베이의 이름을 따서 '센노코우베이'라고 불리다가 훗날 '센베이'라고 불리게 되었다고 한다.

| 5 |

설탕, 누에콩, 연근의
뜻밖의 전래

대불 점안식과 누에콩

일본의 고대사를 대표하는 행사 가운데 도다이지東大寺의 대불大佛 점안법회가 누에콩 전래의 계기가 되었다.

중국 명나라 때 이시진이 저술한 의서 《본초강목》本草綱目에서 누에콩은 '호두'蚕豆라고 기록되어 있다. 여기에 고대 지중해 지역의 누에콩이라는 특별한 이미지는 전혀 없다. '胡'는 중국 북방 지역을 지칭하는 말로, 북방에서 전해진 콩이라는 뜻일 뿐이다. 중국에서는 한나라 무제(BC 141~BC 87) 때 대월지국大月氏國(쿠샨왕조)에 파견된 사절, 장건張騫(?~BC 114)이 서역에서 가져온 콩이라는 설이 있다.

중국에서는 포도, 석류, 깨, 오이, 마늘 등과 같이 누에콩도 장건이 들여왔다고 한다. 실크로드의 존재를 알린 장건이 서방 전래의 음식문화와 연결되어 있던 것이다. 실크로드는 서방의 식재료가 중국으로 유입되는 주요한 루트였다.

한나라 제국이 유일한 천하라고 생각하고 있던 중국인들에게 서방에 안식국安息國(아르사케스 왕조의 음역으로 파르티아를 말함)이라는 대제국이 있다는 장건의 보고는 놀랄 만한 사건이었음이 틀림없다. 그래서 중국에서 장건은 서방세계의 발견자로 콜럼버스에 비유되며, 서방에서 전래된 물건 대부분이 장건에 의해 전해졌다고 한다. 그러나 중국에는 고대 이집트나 그리스의 불길한 누에콩의 이미지는 전해지지 않았다. 생김새가 태반을 닮았다 하여 저승과 이승을 잇는 식물로 여겨지던 누에콩의 전설은 잊혀졌다. 오히려 중국에서는 모양이 누에와 닮았다 하여 '잠두'蠶豆라고 불린다.

일본에 누에콩을 전한 인물은 쇼무천황의 명으로 건설된 도다이지東大寺 대불의 점안식 법회를 위해 736년 당나라에서 초대된 인도 승려 보리선나菩提僊那(704~760)라고 한다.

보리선나는 733년 견당대사 타지히노 히로나리의 요청을 받고 다자이후를 거쳐 736년에 셋츠(오사카 북서부와 효고현 남동부)에서 행기行基(668~749. 일본에서 활동한 백제계 승려) 일행의 안내로 헤이죠쿄의 다이안지大安寺에 들어갔다. 751년 승려의 최고 지위인 승정이 되었고, 이듬해 752년 2월 대불 점안법회를 주관했으며 760년 다이안지에서 57세를 일기로 생을 마쳤다.

754년에는 눈이 보이지 않는 상태였음에도 여섯 번의 시도를 거쳐 일본에 도착해 훗날 도쇼다이지唐招提寺를 세운 감진鑑真과 보리선나는 헤이죠쿄에서 만났다.

보리선나는 행기에게 가져온 누에콩을 전했고, 행기가 그 콩을 효고현 무코마을에 심었다고 한다. 그러고 보면 누에콩은 대불 점안식이라는 고대 일본의 가장 화려한 행사를 계기로 일본에 전해진 콩이었던 것이다. 역사서에는 기록되어 있지 않은 세계와 일본의 만남이기도 하다.

일본에서 누에콩은 꼬투리가 위를 향해 곧게 서기 때문에 하늘을 바라보는 콩이라는 뜻으로, 소라마메(하늘콩)라는 아름다운 이름을 갖게 되었다. 고대 이집트에서 가지고 있던 이미지는 완전히 사라진 것이다.

당나라 승려 감진이 전한 '설탕'

설탕을 의미하는 영어 'sugar'는 프랑스어 'sucre'가 변해서 된 단어이다. 하지만 그 뿌리는 아라비아어인 'súkkar', 산스크리트어 'sarkara'로 거슬러 올라갈 수 있다. 설탕이 광대한 지역에 널리 퍼져 재배되던 세계적인 작물이었음을 알 수 있다.

사탕수수의 기원을 거슬러 올라가 보면 뉴기니섬에 이른다. 기원전 15,000년에서 8,000년 무렵에도 이미 사탕수수를 재배하고 있다가 동남아시아와 무역을 하던 인도 상인에 의해 인도사회에 전파되었다. 기원전의 인도에서 설탕을 사용했다는 것에 대해서는 확실한 증거가 있다. 알렉산드로스 대왕(재위 BC 336~BC 323)의 인도 원정에 참가한 사령관 네아르코스는 "인도에서는 벌들의 도움 없이 갈대 줄기에서 꿀을 만들고 있다."는 보고를 남겼다. 그가 기록한 '갈대 줄기에서 만든 꿀'은 설탕을 의미한다.

8세기 중엽 이후 이슬람 상인에 의해 유라시아 전역으로 대규모 무역권이 성립되자 사탕수수는 쌀, 목화, 레몬, 바나나, 망고 등과 함께 이라크 남부로 전해졌다. 인도 식재료의 대이동이었다.

당시는 지중해가 '이슬람의 바다'였던 시대이다. '만병통치약'으로 통하던 사탕수수는 이집트에서 왕성하게 재배되며, 이윽고 키프로스 섬, 북아프리카에도 전해지게 된다.

지중해 연안의 사탕수수 재배는 벼농사처럼 노동집약농업이었다. 이집트의 사탕수수 재배는 모내기부터 수확까지 28차례나 물을 공급해야 했다고 한다.

역사학자인 사토 츠기타가의 《이슬람의 생활과 기술》에서는 1252년에 카이로에서 낙타를 이끌고 바그다드로 향하던 상인들이, 칭기즈칸의 손자인 훌라구가 지배하던 일 칸국Ilkhanate의 몽골군에게 습격당해 이집트산 설탕 135톤을 약탈당한 사건을 소개하며, 당시의 이집트가 세계적인 설탕 생산국이었음을 밝히고 있다.

이집트에서는 설탕을 고급 약재로 취급했다. 14세기 유럽에 만연했던 흑사병이 이탈리아 상선에 의해 알렉산드리아에서 이집트로 옮아갔을 때 흑사병으로 인한 목, 관절의 통증을 완화시키기 위해 설탕이 쓰였으며, 그로 인해 가격은 5배에서 6배까지 폭등했다고 한다.

유럽에도 십자군 시대에 베네치아를 경유해 설탕이 전해졌다. 당시의 설탕은 고급 식재료인 동시에 생약 상인이 파는 약품이기도 했다. 13세기의 이탈리아 스콜라철학의 대학자 토마스 아퀴나스는 검소한 생활의 중요성을 설파하며 사치품 사용을 반대했지만 설탕은 위장약으로 분류해 사치품에서 제외시켰다.

중국에 설탕 제조법이 전해진 것은 유럽보다 500년 이상 앞선 5세기 말에서 6세기 초이다.

'당흑'唐黑이라고 불리던 흑설탕을 일본에 전한 것은 754년 견당부사 오오토모노 고마로가 귀국할 때 함께 온 당나라 승려 감진이라고 한다. 설탕은 당시에는 상류층의 답례품이나 감기약으로도 쓰였다.

일본에서 사탕수수를 재배하기 시작한 것은 1610년(케이쵸 15년)에 아마미오오시마섬(큐슈 남쪽에 위치한 섬)의 스나오 카와치라는 인물이 중국에서 모종을 들여온 후부터이다. 그 후 막부의 명으로 전국 각지에서 재배를 시작했다. 이어서 지질학자이자 의사인 히라가 겐나이, 부농이던 이케가미 유키토요 등 우수한 연구자가 속출하면서 흑설탕에서 얼음설탕까지 만들 수 있게 되었다.

승려 엔닌이 전한 연근

연꽃은 석가모니의 탄생을 알리기 위해 피었다고 전해지며, 불교와 깊은 관련을 맺고 있다. 참고로 '蓮'은 꽃과 열매가 '연이어 있다'는 뜻이다.

연잎과 연꽃은 7세기에서 8세기에 걸쳐 만들어진 일본에서 가장 오래된 가집 《만엽집》萬葉集과 《고금화가집》古今和歌集에도 등장하지만 당시에는 희귀한 식물이었다. 물속에 잠긴 땅속줄기인 연근을 재배해 먹기 시작한 풍습은 847년(죠와 14년)에 마지막 견당사에 합류한 사이쬬最澄의 제자 엔닌円仁(지카쿠대사)이 당나라에서 들여와 보급시킨 것으로 전해지고 있다. 석가가 이어준 인연이었다.

엔닌이 탄 배는 폭풍을 만났으나 구사일생으로 장강長江 하구의 상업도시 양주揚州에 도착했다. 오대산을 거쳐 장안長安에서 밀교를 배우고, 신라 상인의 배를 얻어 타고 귀국했다. 그는 802권의 경전을 일본으로 들여왔으나 동시에 연의 땅속줄기를 먹을 수 있다는 정보도 가져온 것이다. 그 후 연근은 세토나이해 주변에서 재배하게 되었다.

에도 시대 후기 쿄와 연간(1801~1804)에 수오우(야마구치현) 이와쿠니의 촌장 무라모토 산고로는 큐슈로 건너가 연근 재배법을 배우고 고향으로 돌아와 아홉 곳의 마을에서 연근을 재배했다. 그 연근은 이와쿠니의 번주藩主(번의 영주) 키츠카와 가문의 문양인 아홉 개의 동그란 모양 '구요'와 일치한다고 해서 재배가 장려되었고, 이와쿠니연근으로 이름을 알리게 되었다.

견당사가 간과한 시금치

기원전 550년에 이란고원 남부의 페르시스Persis 지방에서 나와 이집트, 메소포타미아의 농경지대와 그 주변을 통일한 아케메네스왕조 이래, 7세기에 이슬람세력이 커질 때까지 아케메네스왕조, 아르사케스왕조(파르티아), 사산왕조라는 세 개의 페르시아 제국이 오랜 세월 계속

되었다. 페르시아인은 로마제국 등의 지중해 세력과 싸울 정도로 큰 세력이었다.

그 페르시아(이란)에서 기원전 시대부터 즐겨 먹었으며 세계로 널리 퍼지게 된 채소가 시금치다. 페르시아인은 고대 시대부터 고랭지에서 기른 시금치를 건강 유지에 도움이 되는 약초로 즐겨 먹었다. 물론 시금치에는 비타민 A와 C도 풍부하지만 시금치 줄기의 붉은 부분에는 적색의 베타시아닌색소가 함유되어 있어 암을 억제하는 효과가 있다고 한다.

중국에서는 예전에는 시금치를 '파릉채'波稜菜라고 불렀지만 지금은 '파채'라고 부른다. 여기서 '파릉'은 '페르시아'를 의미한다.

시금치는 당나라 2대 황제 태종(재위 626~649) 때 네팔 승려가 중국에 전했다고 한다. 당나라의 수도 장안에서는 의상, 오락, 음식에 이르기까지 페르시아식 문화가 유행하고 있었다. 이슬람 세력의 정복으로 사산왕조가 멸망하고 많은 페르시아인과 소그드인이 장안으로 이주, 망명했기 때문이다. 시금치도 그러한 시대 배경 속에서 페르시아인이 자주 먹는 모던한 식재료로 당나라 사람들의 식생활에 파고들었다. 장안에서 많이 먹던 식재료는 쌀, 기장, 돼지고기, 닭고기, 콩, 양파, 버섯 등이 있었기 때문에 시금치는 외국에서 온 진귀한 식재료로 여겨졌다.

페르시아인이 시금치를 약초로 여긴 것은 당나라 사회에도 그대로 전해졌다. 당나라는 연단술煉丹術이 흔히 행해지던 시대였다. 따라서 불로장생의 약으로 수은의 원료가 되는 진사辰砂(주사)를 마시는 사람들이 많았다. 황제도 진사를 열심히 마셨고, 그로 인해 많은 사람이 수은중독으로 목숨을 잃었다. 그 시대에 시금치는 진사를 마신 후의 불쾌감을 덜어주는 채소로 각광을 받았던 것 같다.

그러나 견당사, 유학생, 유학승과 함께 당나라에 파견된 일본인은 시금치를 잘 몰랐던 것 같다. 1630년에 유학자 하야시 라잔이 쓴《다식편》多識篇에 시금치에 대한 기술이 있는 것으로 보아 일본에 시금치가 전해진 것은 16세기 말에서 17세기 초로 추정된다.

중국에서 전해진 아시아 품종의 시금치는 칼날처럼 날카로운 잎이 특징이었다. 명나라 감합무역勘合貿易(조공무역) 체제가 무너지고 밀무역의 두목 왕직王直이 일본의 고토열도五島列島와 히라도에 거점을 둔 이래 많은 명나라 사람이 큐슈 각지에 거주하게 되면서 시금치도 일본에 전해지게 되었다. 시금치는 에도 시대에는 뿌리 부분이 붉어서 '적근채', 혹은 중국에서 온 채소라 해서 '당채'라고 불렀다.

| 6 |

어장魚醬에서
된장으로

어장(젓갈)문화는 벼농사와 관계가 있을까?

바다로 둘러싸인 일본열도에서 고대의 대표적인 조미료는 어장魚醬
(젓갈)이었다. 소금에 절인 어패류를 1년 이상 숙성시킨 조미료가 어장
(어간장)이다. 소금을 이용해 어패류의 부패를 억제하면서 단백질을 분
해시키면 염분과 감칠맛이 잘 어우러진 어장이 완성된다.

최근 일본에서도 인기를 얻게 된 작은 생선과 새우로 만든 태국
의 '남플라', 정어리의 사촌 격인 전갱이나 갈고등어로 만든 '까느억',
날치를 원료로 만든 베트남의 '느억맘', 작은 새우로 만든 인도네시아
의 '테라시' 등 각지에 다양한 종류의 어장이 있다.

어장은 지중해, 동남아시아에서 중국, 조선, 일본 등의 동아시아로
까지 확산되었다. 아키타의 '숏츠루', 노로리반도의 '이시루', 카가와의
'이카나고간장', 가고시마의 '가츠오노센지' 등은 일본을 대표하는 어

간장이다. 현재에도 많이 먹고 있는 오징어젓갈, 나래즈시(나래스시) 등은 어간장문화의 흔적이라 여겨진다. 간장문화 전에 어간장문화가 있었던 것이다.

여기서 문제가 되는 것은 광범위해진 어간장문화의 기원이다. 베트남에는 유럽에서 어간장의 기술이 전해졌다는 설이 있다. 물론 고대 로마제국에 '가룸'이라는 어간장이 있기는 했었다. 그러나 그것이 근대에 이르러 베트남에 전해졌다는 설은 너무나 황당무계하다.

이에 대해 인류학자 이시게 나오미치는 바다에서 멀리 떨어진 육지의 담수어를 원료로 한 어간장이 기원이라는 주목할 만한 견해를 내놓았다. 즉 운남雲南에 기원을 둔 벼농사가 강줄기를 따라 남하하다가 인도차이나반도에 정착하는 과정에서 논과 수로에서 손쉽게 얻을 수 있는 작은 물고기를 이용해 어장이 만들어졌고, 여기에 쌀이 더해져 나래즈시를 만들게 된 것이 아닐까 하는 추측이다. 논농사와 어간장에는 밀접한 관계가 있으며, 벼농사와 함께 어간장이 확산된 것으로 추측하고 있다.

요리의 기본이었던 회膾

자연이 제공하는 식재료는 계절에 따른 편차 때문에 저장이 고대의 '음식' 생활에서 큰 문제였다. 고대 동아시아에서는 생고기나 생물고기를 소금에 절여 발효시켜 젓갈을 담가 저장했다. 전국 시대부터 한나라 때까지 '스시'鮨라고 하는 생선젓갈, '히시오'醢라고 하는 고기젓갈을 보존음식으로 많이 담가 먹었다고 한다. 일본에서는 생선초밥에 '지'^鮨라는 한자를 쓰지만 원래 이 한자의 뜻은 젓갈이다.

한나라 이후 강남^{江南}에 경작지대가 개발되면서 쌀을 발효시켜 식품저장에 이용하게 되었다. 고기나 생선에 소금과 쌀밥을 넣어 3개월에서 1년간 발효시킨 '나래즈시'가 그 예이다. '회'^膾는 잘게 썬 고기, '회'^鱠는 잘게 썬 물고기를 식초에 절인 것을 의미한다.

음식문화연구가인 시노다 오사무는 스시의 기원에 대해 설명하면서, '원래는 동남아시아 산지에서 쓰던 조리법으로 쌀을 이용하여 담수어나 짐승의 고기를 저장하던 방법'이라고 하며 쌀과 함께 운남 지방의 '초절임' 방법이 중국, 조선, 일본으로 전해진 것이 아닐까 추측하고 있다. 참고로 한국 요리인 육회도 한자로 표기하면 '肉膾'가 된다.

중국의 생식문화는 내륙성 유목문화의 영향이 강했던 당나라 시대까지 생고기인 '회'가 중심이었다. 그러나 송, 남송 시대에 대전환이 일어나면서 생선 중심으로 바뀌었다. 당나라 황제 일족의 성인 오얏 '리'^李와 동음이라는 이유로 식용이 금지되었던 담수어의 왕 '리'^鯉(잉어)가 식재료로 부활한 것과 물고기가 많이 잡히는 강남 지역의 개발이 진행된 것이 전환의 이유였다.

고대 일본도 중국의 음식문화 영향으로 고기나 물고기를 회로 먹는 것이 식품저장과 요리의 중심이 되었다. 《일본서기》에서는 '할선'^割^鮮이라고 쓰고 '나마스츠쿠루'라고 읽었다. '나마스'란 나마시시가 단축된 말로 생고기를 말한다. 지리적 조건도 한몫 거들어 중국에서는 생고기 '회'가 중심이었지만 일본에서는 생물고기를 주로 썼다. '회'에 식초를 사용하게 된 것은 무로마치 시대 이후의 일이다.

동아시아로 확산된 장醬

서역에서 전래한 불교는 현재 동아시아의 대표적 조미료인 '장'醬과 일본의 간장, 된장의 원형이 되는 '메주'豉를 전해주었다. 간장이나 된장의 원료인 장은 불교와 함께 동아시아에 전래되었다. 그 이전까지 일본열도에서는 조미료로 오래전부터 어간장을 썼다. 젓갈이 침전되고 생긴 웃물 같은 것이다.

예전에는 생선이나 고기를 소금에 절여 발효시킨 식품을 '장'이라고 불렀으나, 상당히 짠 음식이었다. 흥미로운 것은 한자로 전복을 말하는 '포'鮑도 원래는 고기장이라는 뜻이다. 장에는 박, 가지, 순무, 무, 두릅, 복숭아, 살구 등으로 담근 초장草醬, 육고기로 담근 육장肉醬, 생선, 조개, 게, 성게, 새우 등으로 담근 어장魚醬, 그리고 쌀, 밀, 콩 등으로 담근 곡장穀醬이 있었다.

불교와 외래문화의 영향으로 일본에서는 생선과 육고기로 담근 장이 차츰 경원시되면서 콩이나 곡물로 담근 장으로 재편되어 간다. 중국의 문헌에는 불교와 함께 서역에서 장의 전신인 '메주'가 중국에 전래했다고 기록하고 있다. 콩이 주원료인 '메주'는 보리를 넣어 장으로 만들었고, 그 후 형태를 바꿔가며 한반도를 거쳐 일본열도에 이르렀다.

장이 전래된 프로세스는 입증된 바 없으나 701년 반포된 《대보령》에 따르면 궁내성에는 조정의 식사를 관장하는 다양한 관직이 있었는데, 향선을 책임지는 대선직 산하에 장류를 관장하는 장원醬院을 두고 있었다. 육장·어장 시대에 쓰던 용어를 그대로 써서 장醬은 '히시오'라고 읽었는데, 지금의 된장과 간장의 원료가 되는 조미료이다. 대보 율령이 제정된 무렵에 이미 간장, 된장의 원형인 장이 존재했다는 것을 알 수 있다.

헤이안 시대가 되자 장 담그기가 상당히 보편화되었다. 옛 도읍 헤이안쿄의 동쪽 장터에는 장을 파는 가게, 서쪽 장터에는 된장을 파는 가게가 있었고, 그 수는 무려 50여 곳에 달했다고 한다.

된장은 백제에서 전래되었다?

고체 상태인 된장은 예전에는 장이 되기 직전이라는 의미로 '미장'未醬이라고 기록했다. 그러나, 후세에 '미'未자에 '구'口자를 넣어 '미'味가 되었고, '장'醬이라는 글자가 '회'膾자로 바뀌면서 여기에도 '구'口자가 쓰여 '噲'(회)가 되었다고 추정한다. 그러나 초기의 '장'은 걸쭉한 액체와 같은 것으로 간장과 구별하지 않았다.

한반도에서 당나라와 동맹을 맺은 신라가 660년에 백제를 멸하자 많은 백제인들이 일본열도로 이주했다. 아마도 이주자 가운데 된장을 담그는 장인이 많았던 것이 아닐까 추측하고 있다. 그래서 아주 오래전 일본에서는 된장을 '고려장'高麗醬이라고도 불렀다. 된장은 일본어로

'미소'味噌라고 하는데, 한국어에서 유래한 것이라는 설도 있다.

754년에 앞이 보이지 않게 되었음에도 불교의 계율을 전하러 일본에 온 감진 화상이 설탕과 함께 중국 조미료인 메주를 전한 것이 《당대화상동정전》唐大和上東征傳에 기록되어 있다. 그것은 훗날 나라 지역에서 '아스카미소'로 불리는 검은 메주였던 것으로 보인다.

된장조림이 시작된 것이 가마쿠라 시대, 된장국은 무로마치 시대에 시작되었다. 된장은 군량으로 무사들에 의해 제조법이 연구되었으며, 도호쿠 지방이나 내륙 지방에서는 소금을 보충하는 식품으로 중시되었다.

| 7 |

메밀과 곤약과
정어리와 우엉

메밀은 기근을 견디는 식량이었다

메밀은 원산지인 시베리아에서 한반도를 경유해 일본열도에 전해졌다. 홋카이도를 거쳐 북에서 남으로 확산되었다는 설도 있다. 4000여 년 전 오호츠크해에 인접한 유적지에서 재배했었다고 하니 쌀보다 훨씬 오래된 곡물이다.

《속일본기》続日本紀에 따르면 722년에 겐쇼천황이 가뭄으로 벼가 자라지 않자 7월에 메밀을 심게 해 기근에 대비했다는 기록이 있다. 이것으로 보아 나라 시대에는 구황작물로 메밀이 재배되었다는 것을 알 수 있다. 또한 이 고사를 근거로 간사이 지방의 메밀업자는 겐쇼천황을 메밀 신으로 모시고 있다. 메밀은 추위에 강한 작물로, 메마른 땅에서 키운 메밀은 맛과 향기가 더욱 좋아진다. 때문에 기근을 대비할 수 있는 작물로는 최적이었다.

그런데 고대의 메밀을 먹던 방법은 지금과는 전혀 달랐다. 메밀가루에 뜨거운 물을 부어 익반죽해 만든 '메밀떡반죽', 쌀과 메밀을 섞어 짓는 '메밀밥'으로 먹었다고 한다. 메밀 재배의 발상지로는 오우미 지역 이부키산 부근이라 전해지는데, 그것이 야마나시현과 나가노현의 산간부로 옮겨갔고, 특히 나가노현에서 활발한 재배가 이루어졌다고 한다.

현재 우리가 먹고 있는 가늘고 긴 '소바'(메밀국수)는 예전에는 '소바키리'라고 불렸으나 기원에 대해서는 여러 설이 있다. 에도 시대의 수필 《희유소람》嬉遊笑覽에 따르면 1573년에서 1592년에 야마나시현 고슈에서 시작되었다고 한다. 또한 에도 시대 초기, 조선의 승려 원진이 도다이지東大寺에 와서 메밀에 끈기를 더하기 위해 밀가루를 섞는 법을 알려주었고, 그것이 현재의 메밀국수(소바)의 원조가 되었다는 설도 있다.

곤약은 아스카 시대에서

곤약의 원료가 되는 구약감자는 인도네시아반도 남부가 원산지이다. 하지만 6세기 중엽 스이코천황 시대(592~627)에 약초로 한반도를 거쳐 전해지기 전까지는 중국에서 수입했다. 곤약은 내장의 불순물을 제거하는 효과가 있다고 여겨졌다.

구약감자에는 독성이 있다고 한다. 때문에 날로는 먹을 수가 없고 삶아서 껍질을 벗긴 후 김처럼 넓게 펴서 석회를 넣어 응고시켰는데,

그것이 곤약이다. 구약감자가루는 흡수성이 강해 물과 닿으면 엄청나게 팽창하며 탄력과 끈기가 더욱 강해진다. 한 컵 분량의 구약감자가루에서 약 40개의 곤약을 만들 수 있다고 한다.

가마쿠라 시대의 사찰음식 가운데 곤약에 양념을 해 익힌 것이 있었는데, 그것을 '소케이'糟鶏라고 불렀다. 닭고기 찌꺼기라는 의미가 된다. 또한 '야마후구노 사시미'라고 해서 곤약을 회처럼 먹기 시작했다고 한다.

참고로 '중과 곤약은 시골이 낫다'는 말이 있듯이 지방의 승려가 소박한 것과 마찬가지로 다른 것을 섞지 않은 시골 곤약이 이것저것 많이 들어가고 뽀얀 도시 곤약보다 낫다고 여겼다.

겐로쿠 시대(1688~1704)가 되자 곤약 조림을 저잣거리에서 팔기 시작하면서 서민 요리로 인기를 끌었다. 어묵탕의 전신이기도 하다. 하이쿠 시인 마츠오 바쇼는 곤약을 매우 좋아했다고 한다.

정어리는 고대의 국민 생선

정어리는 잡자마자 죽어버리는 생선이다. 때문에 '요와시'(약하다)라는 말이 변해 '이와시'(정어리)로 불리게 되었다고도 한다. 또한 서민이 먹는 생선이라서 '이야시'(비천하다)라는 말에서 유래했다고도 전한다. 고대 이후 국민 생선으로 통했다. 정어리의 뼈는 조몬 시대 조개무덤에서 대량으로 출토되어 아주 오래전부터 즐겨 먹었던 생선이라는 것을 알 수 있다.

일본의 동쪽 연안과 서쪽 연안, 그리고 세토나이해 연안에 서식하는 정어리는 종류가 약간 다르긴 해도 대량으로 잡혀서 서민에게 사랑받는 국민생선이었다. 나라 시대에는 18마리에 3몬(현재 가치로 약 54엔)이라고 문서에 기록되어 있는데, 이로 미루어 가격이 싼 서민의 생선이었다는 사실을 알 수 있다.

정어리는 변덕이 심해서 잡힐 때는 한도 끝도 없이 잡히지만 잡히지 않을 때는 한 마리도 잡히지 않았다. 에도 시대에도 1656년에는 정어리 떼가 토네가와 강까지 밀려와 어부들이 상류에 터를 잡고 살 정도였다고 한다. 그 후에도 풍어가 계속되었으나 1730년 이후에는 전국적으로 정어리가 사라졌다가 19세기에 들어서야 겨우 다시 나타났다고 한다.

국민생선이 하찮은 생선으로 천대를 받는 것은 아무리 생각해도 부당하다. 많이 잡힌다는 것뿐이지 맛과는 상관이 없기 때문이다. 헤이안 시대 궁중 생활을 묘사한 소설 《원씨물어》源氏物語의 저자 무라사키 시키부가 싸구려 정어리를 먹었더니 남편 노부타카가 그렇게 비천한 음식을 먹는다며 웃었다. 그녀는 "일본인이라면 누구나 이와시미즈 신사에 참배를 가지요? 정어리를 먹지 않는 사람은 한 사람도 없어요." 하며 당시 인기였던 신사 이와시미즈와 정어리(이와시)가 동음임을 이용해 언어유희로 재치 있게 받아치는 유명한 대목이 있다.

우엉 요리는 헤이안 시대 말기에 시작되었다

우엉은 유럽에서 시베리아, 중국 북부에 걸쳐 자생한다. 지금은 유럽과 중국에서는 아린 맛 때문에 거의 먹지 않고 약제로 이용할 뿐이다. 헤이안 시대 말기에는 우엉을 식재료로 쓴 식단이 생기기도 했다. 그렇다고는 해도 여전히 우엉은 길고 단단했다.

일본에서는 검은콩, 검은깨와 같이 검은 식재료가 건강에 좋다고 여겼고, 우엉도 그러한 이유로 사라지지 않았던 것이다. 설날에 우엉을 먹는 것도 우엉이 땅속 깊이 뿌리를 내리고 있는 것처럼 일가의 기반이 깊이 뿌리내릴 것을 기원하는 마음이 반영되었다고 짐작된다.

교토의 호리가와우엉, 에도의 다키노가와우엉은 에도 시대부터 유명해진 품종이다. 생김새가 닮아서 짧고 가는 금줄을 우엉금줄이라고 부르기도 한다.

우엉을 잘게 잘라서 당근 같은 채소와 고춧가루를 넣고 익힌 것을 '킨피라'라고 한다. '킨피라'는 무사 사카타노 킨토키에게 킨피라라고 하는 힘센 아들이 있었는데, 미나모토 요리미츠가 거느린 사천왕 중의 한 사람으로 킨피라 인형극으로 유명해지자 킨피라의 힘을 닮고 싶은 마음에서 음식에도 '킨피라'라는 이름을 붙였다고 한다.

제3장

음식문화의 부흥기, 무로마치 시대

| 1 |

무로마치 시대에 바뀐
음식문화

무로마치 문화와 몽골제국과의 관계

가마쿠라 막부를 모델로 한 무사정권이자 교토에 거점을 두었던 무로마치 막부는 소박한 무사문화와 사치스런 귀족문화 양쪽에 모두 발을 걸치고 있었다. 음식문화 면에서도 무로마치 시대에는 이 이질적인 두 문화의 통합이 시작되었다. 지방에서는 슈고다이묘^{守護大名}(막부가 각지의 수호^{守護}로 임명한 영주를 일컫는다)가 영지 개발을 시작하고 많은 식재료가 시장에 나오게 되었다. 에도 시대가 되자 수많은 요리법이 연구되었고 일식이 집대성되지만 그 전제가 되는 식재료가 집약된 것은 무로마치 시대이다.

무로마치 시대는 활발해진 원·일무역, 나아가 명·일무역(감합무역)으로 인해 새로운 식재료, 식품, 가공법, 음식에 대한 사고방식을 폭넓게 받아들인 시대였다. 굳이 따지자면 원나라의 영향이 더 컸다. 명나라는 왜구(가마쿠라, 무로마치 막부 시대에 한국과 중국 연해를 침범하던 일본인 해적 집단을 중국·한국에서 부른 이름) 때문에 일본인의 유학을 인정하지 않고 무역도 엄중한 국가 관리 아래에 두었기 때문이다.

한편 원나라는 원구元寇(1274년과 1281년에 원나라 군대가 일본을 공격한 일)라는 인상이 강하지만 실제로는 송·일무역을 훨씬 뛰어넘는 규모의 무역이 이루어졌던 '경제 시대'였다. 원·일무역이 활발했다는 사실은 한국의 전라남도 신안 앞바다에서 1975년 발견된 침몰선(전장 약 34미터, 폭 11미터, 승선원 70명으로 추정)에서 끌어올린 해저유물에서도 밝혀졌다. 이 배는 1323년 원나라 경원항을 출발해 하카타로 향하던 무역선으로, 일본의 상인과 사찰이 화주였는데 무려 도자기 2만 2천 점, 동전 약 800만 개(28톤), 후추 등의 짐이 실려 있었다.

이 배가 당시의 일반적인 상선이었다는 것을 감안하면 원나라와의 민간무역이 얼마나 거대한 규모였는지 짐작할 수 있다. 원나라 시대에 중국에서는 화폐가 교초交鈔라고 하는 지폐로 통일되면서 송나라 시대에 주조되었던 엄청난 양의 동전이 쓸모가 없어졌다. 그런 이유로 동전을 일본에 가져가 유통시키면 큰 이익을 얻을 수 있으리라는 생각을 했던 것이다. 그때 에이전시 역할을 했던 것이 어학실력과 유교적 교양을 갖춘 선승禪僧이었다.

남송이 원나라에 의해 멸망한 것은 1279년이고, 원나라가 멸망한 것은 1368년이다. 그러므로 무로마치 시대의 '음식'의 변동은 대부분 원나라와 깊은 관련을 맺고 있었음을 알 수 있다.

원나라 시대 선승에 의해 전해진 쇼진요리(사찰요리), 가이세키 요리(연회요리)인 '딤섬', 차는 일본의 '음식'을 전환시키는 커다란 원동력이 되었다. 두부, 밀개떡, 만쥬, 양갱 등 중국에서 온 식품이 보급되었고 간장, 참기름 등의 조미료도 일반화되었다.

선승이 일으킨 일본의 르네상스

송나라와 원나라를 방문한 선승의 수는 상당히 많았다. 게다가 체류 기간도 10년, 20년으로 길었기에 중국의 생활양식을 몸에 익히고 일본으로 돌아왔다. 이전에 유학한 승려들의 단기체재와는 전혀 다른 유형의 체재였던 것이다. '불립문자'不立文字, '직지인심'直指人心, '견성성불'見性成佛을 제창하는 선종禪宗은 감성을 중시하는 불교로서 경전을 읽는 것만으로는 득도할 수 없었다. 중국인의 생활양식까지 배울 필요가 있었던 것이다.

그들은 귀국한 후 교토, 가마쿠라의 대사찰로 들어갔고 어학실력과 중국의 지배층인 사대부 층의 교양을 익혀 외교 부문에서도 활약했다. 선승은 선진적인 모던한 생활스타일을 몸에 익힌 사람으로 민간인들로부터도 존경을 받았다고 한다. 선승을 통해 귀족이나 무사들 사이에 중국식 생활양식이 침투했다. 그들이 가지고 돌아온 차와 다회茶會, 연회요리를 포함한 사찰요리, 나아가 쇼인즈쿠리書院造라는 주택 건축양식, 실내장식, 정원양식 등이 일본 문화에 새로운 요소로 작용했다. 일본 조동종曹洞宗의 개조 도겐道元은 모든 것에는 불성이 있다며 쌀 한 톨도 소홀히 해서는 안 된다고 설법했는데, 그러한 사고는 식재료의 배후에 신이 존재한다고 인식하는 일본 고유의 토속신앙과도 공통점이 있었다. 선종을 매개로 일본의 전통적인 음식문화와 중국의 음식문화의 융합이 이뤄진 것이다.

선승을 매개로 이뤄진 대규모 중국문화의 도입이 일본 '문화'에 끼친 영향의 깊이는 견당사에 비할 바가 아니다. 많은 선승이 들여온 문화는 그 이전부터 존재하던 일본의 '음식' 문화를 재조합하는 대변혁을 이뤘다. 유라시아의 대부분이 몽골제국에 편성되는 세계사의 대격변기에 일본문화도 큰 변혁을 이룬 셈이다.

몽골제국은 초원의 길과 바다의 길을 잇는 원형 네트워크를 만들어, 유라시아 규모의 무역을 활성화시켰다. 그러한 거대한 네트워크를 연결함으로써 막대한 부가 이탈리아의 각 도시에 축적되어 그것이 이탈리아 르네상스의 경제적 기반이 되었다.

이탈리아 르네상스가 꽃피던 시기에 일본문화도 선종의 양식 아래 중국문화를 도입해 일본식 '르네상스' 시대를 맞이하고 있었다. 가마쿠라 시대부터 축적되어 온 원·일무역에 의한 활발한 문화교류가 무로마치 시대에 음식문화의 변동을 불러일으킨 것이다.

그런데 좌선을 중시하는 선종을 바탕으로 일어난 일본의 '르네상스'는 독자적인 개성을 가지게 되었다. 그것은 '형식'을 중시하고 '법도'를 따르는 정신성을 중시하는 특성이다. 이국풍의 선진문화인 송원宋元문화를 형식면에서 수용한 귀족과 무사의 경향도 한몫했다.

그렇다고는 해도 일본문화는 양식이 중시되는 문화이다. 특정한 정신성을 가진 '도'道가 정식화되면 좀처럼 깨지기 어렵다. 다도茶道(차),

화도華道(꽃꽂이), 가도歌道(시)뿐만 아니라 모든 분야에서 '법도'가 만들어져 전례와 관행이 중시되면, 폐해가 있다고 하더라도 좀처럼 깨지지 않는다. 격변하는 세계변화의 대응에 일본인이 익숙해지지 못하는 것도 그러한 면 때문일 수 있다.

'젠'의 보급

선종에서 시작된 '르네상스'는 새로운 식사 양식을 만들어냈다. 그것이 '젠'膳(밥상)을 사용하는 식사스타일이다.

일본에서 가장 오래된 밥상은 야요이 시대까지 거슬러 올라가는데, 시즈오카현의 토로 유적에서 출토된 장방형의 나무판에 짧은 다리를 붙여 만든 '츠쿠에'로 추정한다. '츠쿠에'의 어원은 '츠키우에'坏居로, '츠키'는 음식물을 올려놓는 상이라는 뜻이다.

헤이안 시대에 들어서면 '츠쿠에' 외에도 원형이나 사각형 쟁반 아래 외다리를 붙인 다카츠키, 다각형 쟁반인 오시키, 사각형 쟁반에 짧은 다리를 붙인 가케반, 훗날 산보라고도 불리게 되는, 쟁반에 다리 대신 판을 대고 앞과 좌우에 구멍을 뚫은 츠이가사네 등 다양한 상이 쓰이게 되었다. 서민들 사이에서는 나무 조각을 덧대 만든 네모난 쟁반이 사용되었다.

근세에 들어서는 옻칠을 한 다양한 상이 만들어졌고, 서민 사이에 '하코젠'이 보급되는데, 이 하코젠은 무로마치 시대에 선종사찰에서 민간에 보급한 것이었다. 하코젠은 1인분의 음식을 넣을 수 있는 상자인데, 식사 때 뚜껑을 거꾸로 돌려 식탁으로 사용할 수 있는 편리한 상자였다. 일본의 전통적 식사법은 한 사람이 사용하는 식기가 정해져 있어 미리 나누어 놓은 음식을 자신의 '젠(독상)'에 두고 자신의 젓가락으로 먹는 개인상차림 양식이었기 때문이다.

'젠'은 원래 '음식', '진수성찬'이라는 뜻을 가지고 있다. 그래서 밥을 셀 때 이치젠(한 그릇), 니젠(두 그릇)으로 부르던 것이 일반적이었다. 그것이 에도 시대 이후 밥상에 오르는 요리를 총칭해 '젠'이라 부르게 되었고, 나아가 훗날 밥상 그 자체를 의미하게 된 듯하다.

'젠'이 과거가 되고 밥상에서 식탁으로 바뀌었지만 식탁을 '젠'이라 부르는 것은 개인상차림의 옛 흔적이라 할 수 있다. 개인상차림인 메이메이젠은 신분, 서열이 까다로운 수직형사회인 일본문화에 부합하는 상차림이었다. 겸상은 수직형사회에 어울리지 않았던 것이다.

오닌의 난과 '와비'

1368년 원나라가 멸망하고 명나라가 세워지자 해금정책이 행해지면서 개인상인의 해외무역이 금지되고, 이로 인해 동아시아세계는 크게 바뀌었다. 1404년에는 감합무역이 시작되지만 무역의 규모는 원나라 시대에 비할 바가 못 되었다.

나아가 1467년에는 일본 전국을 둘로 나누는 '오닌의 난'이 일어나 일본은 전국 시대^{戰國時代}로 접어들었다. 전국의 무사를 둘로 나누어 교토를 전장으로 10년이나 전투를 벌인 오닌의 난은 일본의 음식문화에도 커다란 영향을 끼쳤다. 전쟁이 끝난 후 쇼군將軍의 권위는 땅에 떨어졌고, 막부는 재정난에 빠졌다. 아시카가 요시마사(통치기간 1443~1473)는 요시미츠의 킨가쿠지金閣寺를 본떠 긴가쿠지銀閣寺를 짓고 은박을 입히려 했지만 재정이 바닥나 할 수가 없었다. 지방에서는 실력 중심의 하극상이 확산되었고 무관심과 현실도피 풍조가 일반화되면서 그것이 선禪문화 다도, 가이세키 요리와 크게 관련이 깊은 히가시야마문화(교토의 한 지명인 히가시야마東山을 따서 붙인 이름)가 되어 일본의 음식문화에 새로운 흐름을 형성했다. '와비'侘(단순하고 본질적인 것)와 '사비'寂(오래되고 낡은 것)의 배경에는 오닌의 난 이후의 황폐함이 있었다.

참고로 와비·사비는 일본의 미의식으로 대표되는 단어이다. 일본의 전통문화 하면 먼저 정갈하고 소박한 이미지가 떠오를 것이다. 일본식 이자카야나 스시야만 가 봐도 인테리어부터 시작해서 음식의 플레이팅 등 여러 부분에서 일본이 추구하는 이러한 미의식을 찾을 수 있다. 그처럼 와비·사비를 한마디로 요약해서 말하면, 단순하고 소박하고 오래된 것들이 새것이나 화려한 것보다 더 가치가 있다고 생각하는 정신이다

그런데, 일본이 세계적인 은 산출국이 된 도요토미 히데요시 시대가 되면 '와비'와 '사비'는 사치스런 양식으로 변화한다.

새로운 음식문화와
'다도'

유행하지 못했던 당나라 차

송나라의 선원禪院에서는 차는 수마睡魔(졸음)를 쫓는 음식으로 여겨졌다. 선승이 배워온 새로운 차를 마시는 방법은 일본 사회에 널리 침투해 '다도'茶道라고 하는 종합적인 문화를 형성하게 되었다. 차는 선종의 딤섬, 사찰요리와 함께 일본의 '음식'에 커다란 변화를 가져왔다.

중국에서 차를 마시는 습관은 판다로 유명한 사천四川에서 시작되었다. 당나라 육우陸羽가 《다경》茶經에서 인용한 것에 따르면 삼국 시대 위魏나라 때 편찬된 사전 《광아》廣雅에는 차를 마시는 습관은 사천에서 시작됐으며, 찻잎을 찌거나 덖어 틀에 넣고 눌러 벽돌 모양으로 굳힌 '전차'磚茶로 만들었다는 기록이 나온다. 차를 고체 상태로 만들어 깎아 사용한 것이다.

당시는 '차'茶라고 쓰지 않고 '도'荼(쓰다는 뜻)나 '명'茗(늦게 딴 차라는 뜻) 이라는 한자를 썼다. '茶'는 원래 차나무에서 새순을 딴 것을 가리키는 말이었다고 한다.

차를 보급시키는 데에 공헌을 한 것은 훗날 다도의 시조, 즉 '다조'茶祖라고 불리게 된 육우陸羽(733~804)이다. 760년 경에 육우가 《다경》의 첫머리에 "차는 남방에 있는 좋은 나무다"라고 기록했듯이 차는 온대에서 열대에 걸쳐 널리 분포하는 식물이었다.

차는 졸음을 쫓고 몸에 활력을 불어넣어주는 약으로 귀족과 승려들 사이에서 사랑받았다. 일반에게 확산된 것은 수나라에서 당나라로 바뀌면서였다. 당나라의 전성기인 개원 시대(713~741)에는 '명'茗을 많이 마셨다. 육우가 만년의 현종황제를 알현한 것은 천보 시대(742~755)였다.

일본열도에도 차나무가 자생하고 있었으나 차를 마시는 습관은 없었다. 당나라의 차를 마시는 유행은 견당사나 유학 승려에 의해 불교와 함께 전해졌으나 널리 보급되지는 못했다. 일본에서는 차는 고아하고 모던한 음료로 궁중에서만 마셨던 것이다.

729년에 쇼무천황이 약용을 목적으로 차를 달이는 '행다의'行茶儀를 하기 시작했다는 기록이 있다. '행다'行茶라는 것은 분말로 된 차가 아니라 '우려낸 것'이라는 뜻이다. 《동대사여록》東大寺余錄에는 "승려 행기는 덕과 행이 모두 훌륭하여 전국 각지 49곳에 영사를 건립하고 더불어 차나무를 가꾸니 이는 말세중생 구제를 위함이라"라고 기록되어 있다. 행기는 일본 각지를 순례하며 6개의 다리를 건립하고, 15곳에 제방을 쌓는 등 사회사업에 힘썼고 도다이지東大寺의 대불 조성에 공헌한 승려이다. 행기가 어디서 차를 재배했는지는 밝혀지지 않았으나 행기가 활약하던 무렵에 차나무 재배도 시작된 것이 아닐까 추측하고 있다. 805년에는 월주越州(지금의 절강성 소흥)에 있는 용흥사龍興寺에서 밀교를 배운 유학 승려 사이쬬(전교대사傳敎大師)도 차를 들여왔다고 한다.

헤이안 시대가 되자 궁중의료기관인 텐야쿠료典藥寮를 설치해 차밭을 관리했다. 당시에는 궁중 의식에도 술 대신 차를 사용했고, 승려가 독경을 끝내면 차를 대접했다. 당시에는 차에 생강이나 소금 등으로 맛을 내서 마셨다고 한다.

에이사이가 전해준 녹차와 '다회'

일본에 중국의 차종과 제다법, 음차법을 전하고 훗날 '다도'의 기반을 세운 것은 남송에서 유학한 선승이자 일본 임제종臨濟宗의 개조 에이사이榮西(1141~1215)이다. 수행 중에 쏟아지는 수마를 쫓고 건강 증진에 좋은 음료로 에이사이가 전한 차가 모던한 음료로 민간에 널리 퍼지며 성행하게 된다. 당나라의 단차團茶(떡차. 깎아서 사용하는 경단 모양으로 딱딱하게 굳힌 차) 시대가 끝나고, 에이사이가 방문했던 남송의 음차법은 절구에 간 말차抹茶로 바뀌어 있었다. 당나라 자다법煮茶法(차를 끓이는 것)이 녹차綠茶의 점다법點茶法(가루차를 휘저어 마시는 것)으로 바뀌었던 것이다. 말차는 정해진 작법을 중시한다는 의미에서 선종의 정신을 표현할 수 있는 요소를 가지고 있었다.

빗츄(오카야마현 서부) 출신의 에이사이는 유년 시절 히에산에서 불교를 배우고 28세 때 불법을 터득하고자 남송으로 건너갔다. 1168년이었다. 송나라는 1127년에 금나라에 의해 도읍인 개봉開封이 함락되자 도읍을 임안臨安(지금의 항주)으로 옮긴 후였기 때문에 에이사이의 유학은 혼란기와 겹쳤다. 화북華北 지방이 이민족에 의해 점령당하며 중국사회가 흔들리기 시작할 무렵이었다.

에이사이는 천태산, 육왕산 등에서 불법을 공부했지만 짧은 기간의 유학생활을 마치고 귀국했다. 1187년이 되자 47세의 나이로 에이사이는 다시 남송으로 건너가 천동산에서 5년간 선을 배우고 차와 의약을 지참하고 송나라의 배를 타고 돌아왔다. 에이사이의 나이 51세 때였다.

에이사이는 가져온 차를 치쿠젠(후쿠오카 북서부) 세후리산에 심었고, 그것이 일본에 차가 보급되는 계기가 되었다고 한다. 에이사이는 1199년 가마쿠라로 내려가 쇼군 미나모토 요리이에의 귀의를 받았다. 이듬해에는 쥬후쿠지壽福寺를, 2년 후에는 교토에 켄닌지建仁寺를 열고 선과 차를 알렸다. 가마쿠라 막부의 3대 쇼군인 사네토모가 숙취를 차로 다스렸다는 일화가 있다.

71세가 된 에이사이는 1211년에 《끽다양생기》喫茶養生記를 저술한다. 그 저작 서문에서 에이사이는 "차는 불로장생의 약으로 사람의 수명을 늘리는 묘술을 지녔다. 산과 들에 차나무가 자라면 신성하고 영험한 땅이며 사람이 그것을 따서 마시면 장수할 수 있다."고 기록했다.

에이사이로부터 차 씨앗을 얻은 교토 도가노오에 있는 고잔지高山寺의 승려 묘에는 야마시로와 우지에서 열심히 차를 재배했다. 그것이 일본 최고 차 중 하나인 우지차宇治茶의 시작이다.

차는 선승들 사이에서 성행하다가 이윽고 무사나 귀족들 사이에서도 음차 풍습이 생겨났고, 다회가 유행하기 시작했다. 당시의 다회는 송나라에서 유행하던 투차鬪茶를 본떠 차를 우려 빛깔과 향기, 맛의 우열을 겨루는 놀이였으며 술과 연회가 함께하는 자리였다.

《끽다왕래》喫茶往来에 따르면 처음엔 술상을 내어 술을 석 잔 마시게 한 후 상을 물리고, 이것을 세 번 되풀이 한 후, 다음엔 간단한 음식과 차, 산해진미와 밥, 과일 등을 먹고 나서 음차飮茶 승부를 겨룬 뒤 마지막으로 성대한 술자리를 열었다고 한다.

일본의 음식문화를 바꾼 '다도'

'다도'에는 가루로 분쇄한 차에 끓인 물을 붓고 찻솔로 저어 마시는 '점다'點茶와 찻잎을 찻주전자에 넣고 우려내는 '전다'煎茶의 두 가지 방법이 있다. '다도'라고 하면 일반적으로는 전자를 가리킨다.

말차의 작법은 가마쿠라 막부 말기에 선승이 송나라에서 들여왔으나 당시에는 널리 알려지지 않았다. 차가 교토 근방에서 도카이 지방이라는 넓은 지역까지 재배되면서 송나라 '투차'를 본떠 '다기합'茶寄合(다회)이라는 놀이가 성행하면서 음차가 유행했다. 다회는 간단한 요리와 술을 마신 뒤, 차를 마시면서 생산지와 이름을 맞추는 놀이로 많이 맞힌 사람이 '상품'을 얻는 놀이였다. 그러니 '다회'는 지배층의 통속적인 놀이였다.

그러나 전란이 도읍을 황폐하게 만들자 일세를 풍미하게 된 무상관無常觀, 즉 세상의 모든 일이 아무 보람도 없이 덧없으며 항상 변한다고 보는 인생관이 '차'의 형식을 바꾸어놓았다.

1467년에 일어난 오닌의 난(~1477)이 교토를 불태워 도시가 황폐해지자 사람들 사이에 절망감이 퍼졌다. 사회 분위기가 흉흉해지고 정신적인 풍조가 확산되었지만 그런 와중에 다회는 후퇴하고 찻집은 선종의 정신과 가까워지게 되었다.

오닌의 난이 한창이던 시절, 8대 쇼군 아시카가 요시마사는 자리에서 내려와 1482년부터 약 7년간 임제종 사찰인 지쇼지慈照寺(속칭 은각사)를 완성. 한아閑雅를 중시하는 히가시야마문화가 생겨났다. 그 중심적 위치에 있었던 것이 '차'였다.

아시카가 요시마사는 히가시야마에서 자주 다회를 열어 '차' 유행에 불씨를 당겼다. 나라현 쇼묘지称名寺의 승려 무라타 슈코는 요시마사의 다회에 참가하면서 이윽고 '차'를 규범화해 음차의 작법(다예)을 완성했다. 세 평 남짓의 좁은 다실을 고안한 것도 슈코였다. 정숙고담静寂枯淡이라고 하는, 고요하되 속되지 않은 은은한 멋을 중시하는 '히가시야마 별장의 와비차'(좁은 공간에서 차를 음미하는 담백한 형식)의 서막이었다.

그 후 '차'는 슈코의 직계 제자인 다케노 죠오가 계승하여 16세기 말(1573~1592) 그의 제자인 센노 리큐가 집대성했다. 그것이 오늘날 일본의 '차'이다. 리큐는 처음부터 진한 차를 마시기보다는 집주인이 손님을 대접하는 가이세키 요리와 '차'를 융합시켰다. 그러다 보니 '차'에서 '딤섬'(차노코)이 매우 중요한 역할을 차지하게 되었다.

전차도 말차와 같이 선승 사이에서 성행했으나 다예의 형식은 훨씬 뒤쳐져 에도 시대가 되어서야 완성된다. 에도 시대 초기에 교토에 별장 시센도詩仙堂를 지은 이시카와 죠잔이나 전차를 다시 일으킨 선승 바이사오가 전다도煎茶道를 완성. 오늘날 서민 음차의 기반이 만들어졌다.

| 3 |

가이세키 요리와
딤섬

'차'와 결합한 가이세키 요리

8대 쇼군 아시카가 요시마사의 히가시야마 문화를 대표하는 예도로 발전한 다도는 음차를 보급시켰을 뿐 아니라 가이세키 요리라고 하는 새로운 '음식' 분야를 개척했다. '가이세키'懷石는 수도승이 따뜻한 돌을 품에 안아 몸을 데웠다고 하는 데에서 비롯된 말로 '소박한 요리'를 말한다.

가이세키 요리는 송나라 문인 소동파蘇東坡가 불인선사佛印禪師에게 '딤섬'(식사 대신 가볍게 먹는 음식)으로 가이세키를 올린 것이 그 기원이라고 한다. 즉 선종사찰의 간소한 요리로, 선승에 의해 차와 함께 일본에 전해졌다.

가이세키 요리는 원래 국 하나, 반찬 2개, 혹은 반찬 3개라고 하는 간소한 요리로 밥상도 다리가 없는 '오시키'라고 하는 소박한 쟁반을 썼다. 그러나 가이세키 요리가 다도에 융합되면서 간소할 뿐 아니라 정성이 담긴 요리가 되었다.

선종요리는 중국요리가 그대로 건너온 것으로, '삼덕육미'가 중시되었다. '삼덕'三德은 식미에 관한 것으로 가볍고 부드러운 경연輕軟, 청결한 정결淨潔, 규칙대로 만든 여법如法을 의미한다. '육미'六味란 쓴맛, 신맛, 단맛, 매운맛, 짠맛, 담백한 맛이라는 여섯 가지 맛을 가리킨다. 맛의 조합을 중요시하는 중국식 사고가 들어 있다.

오닌의 난이 끝난 뒤 허무감과 무상관은 사람들에게 일상생활을 다시 돌아보게 했다. 계속된 전란으로 인한 고난은 일상생활을 영위한다는 것이 얼마나 귀한 일인가를 깨우쳐주었다. 요리에서도 시각, 후각, 미각, 청각이 중시되기 시작했고 도피적 취향이 가미되었다. 보기에도 아름답고, 진기한 맛을 기대하게 된 것이다. 가이세키 요리에도 불교에서 허용하는 식재료뿐 아니라 생선, 닭고기를 사용하게 된다.

아즈치 모모야마(1568~1600) 시대가 되자 세태가 변하면서 대두된 신흥세력 무사들 사이에서 화려한 '다도'가 고위층 문화가 되었다. 가이세키 요리도 풍성한 식재료를 아낌없이 차린 다이묘大名(봉건영주) 요리로 바뀐다. 가이세키 요리는 변화를 거듭하면서 일본요리의 주류 자리를 차지하게 된다.

오다 노부나가 시대에 일본을 방문한 천주교 예수회 선교사 루이스 프로이스는 그의 저서 《일본사》Historia de Japan에서 가이세키 요리를 다음과 같이 기록하고 있다.

"일본은 작물이 자라기 어려운 토지로 식재료가 결코 좋다고 할수는 없다. 그러나 그 서비스, 질서, 청결 및 기물은 가히 칭찬할 만하다. 이 이상 훌륭한 연회는 다시 없을 것만 같았다. 식사하는 사람이 많음에도 불구하고 하인들이 떠드는 소리가 전혀 들리지 않았고 놀라울 정도로 정숙하고 훌륭한 연회였다."

루이스 프로이스는 요리보다 식사의 형식에 경탄하고 있다. 그렇다고는 해도 격식과 질서를 중시하는 식사가 과연 즐거울 수 있었을까?

'딤섬'이 일본 식습관을 바꿨다

고대의 식사는 1일 2식이었다. 귀족은 정오에 아침을, 지금으로 말하면 4시 경에 저녁을 먹었고, 서민은 아침과 낮에 식사를 했을 뿐 저녁은 먹지 않았다. 그러나 선승이 전한 가이세키 요리인 '딤섬'의 영향으로 귀족, 무사들 사이에서 간식 습관이 퍼지면서 이윽고 1일 3식으로 발전했다.

선승이 일본에 전한 '딤섬'点心은 원래 마음에 점을 찍는다는 의미로, 간단한 식사를 권하는 것을 의미했다. 그러나 식사 전의 공복을 메우기 위해 약간의 음식을 먹는다는 의미로 바뀌면서 원나라 때가 되면 간식을 가리키는 말이 되었다.

《정장잡기》貞丈雜記는 "아침과 저녁 식사 중간에 우동 혹은 떡을 먹는 것을 딤섬이라고 하며, 지금은 중식 혹은 새참이라고도 한다."고 기록되어 있다. '중식', '새참'이라는 형태로 간식을 먹게 되었던 것이다. 전국 시대때 열심히 싸우던 무사가 체력을 보강하기 위해 하루 세끼를 먹었다는 설도 있다.

딤섬은 가이세키 요리, 다도 등과 결합하여 일본의 음식문화에 커다란 영향을 주었을 뿐 아니라 우동, 국수 등의 면류, 두부, 밀개떡, 만쥬와 같은 식품과 함께 서민 사이에도 퍼지게 되면서 서민의 음식문화에 변혁을 가져왔다. 에도 시대 중기에는 유채기름을 싸게 살 수 있게 되자 밤에도 일할 수 있게 되면서 서민이 저녁을 먹는 일이 보편화되었다. 1일 3식이 일반화된 것이다.

대활약하는
두부

치즈의 카피 식품 '두부'의 침투

가이세키 요리의 주요한 식재료로 일본에 들어와 일본요리의 중심에 서게 된 식품이 바로 두부이다. 두부는 지금까지 한漢나라를 세운 유방劉邦의 손자로, 《회남자》淮南子를 저술한 것으로도 유명한 유안劉安이 창시자라는 설이 일반적이었다.

그러나 음식문화연구가인 시노다 오사무는 이 설을 부정한다. 첫째, 《회남자》에는 '정육점의 콩국'이라는 말이 '남의 일에 바빠 정작 자신을 돌보지 못한다'는 의미로 쓰이고는 있지만 '두부'라는 단어는 나오지 않는다. 둘째, '두부'라는 단어는 당나라가 멸망한 후 혼란 시대의 후진後晉에서 송나라 초기에 관리가 된 도곡陶穀이 저술한 《청이록》淸異錄에 나오는 것이 최초라는 것 등 두 가지가 이유이다. 그러한 견지에서 보면 나라 시대에 두부가 전래되었다고 하는 설은 당연히 잘

못된 것이라 할 수 있다.

또한 시노다 오사무는 세계적인 장대한 이미지에서 두부의 탄생을 추측한다. 즉 위진남북조 시대에서 당나라 시대까지는 북방 유목민의 지배가 중국에까지 이르면서 유목문화의 영향력 아래에 있었던 시대로, 그때는 유목민이 양이나 소젖으로 치즈를 만들었다. 우유를 일정한 조건 속에서 저장하면 유당이 발효되어 유산으로 변화하며, 유산이 우유 속 단백질을 응고시켜 치즈가 된다. 그것을 중국인은 '유부'乳腐라고 이름 지었다. 당나라 때 유제품이 사랑받았다는 것은 앞서 밝힌 바와 같다.

당나라가 쇠퇴하자 유목문화도 점차 힘을 잃어갔고 중국의 전통문화가 세력을 되찾았다. 치즈를 손에 넣기가 힘들어졌다. 그래서 치즈 대신 비슷한 식품을 만들려는 노력이 생겨난다.

두부는 물에 불린 콩을 갈아서 삶은 후 짜서 두유를 만들고, 여기에 간수(젖산칼슘)를 넣어 응고시켜 만든다. 두부제조의 열쇠는 간수, 혹은 석고(암염)를 넣어 응고시켜 만든다는 발상이었다. 그러한 점에 대해 아베 코류와 츠지 시게미츠가 공동 저술한 《두부에 관한 책》에는 두유에 간을 하기 위해 소금을 뿌리면 일부응고 작용이 일어나 몽글몽글 응어리지는 것에 착안했다고 한다. 당시 사용한 소금은 굵은 소금으로 많은 불순물이 섞여 있었던 것이 도움이 되었다. 응고하는 이유를 연구하던 중 제염의 부산물인 간수(바다소금의 경우), 암염의 존재를 발견하게 되었다고 한다.

일본의 문헌에서 '두부'가 처음 등장한 것은 1183년 나라현의 카스가타이샤 신사의 신관 일기이며, 14세기가 되면서 두부에 관한 기사가 급증했다고 시노다 오사무는 말한다. 선승이 전한 사찰요리와 두부와의 관계는 분명하다.

참고로 두부 제조에는 물에 불린 콩을 가는 공정이 중요한 의미를 지닌다. 맷돌의 보급이 전제였던 것이다.

두부와 함께 요리에 이용된 것이 중국에서 두부피나 유피로 불리는 두부껍질이다. 두부껍질은 두유를 끓일 때 생기는 표면의 얇은 막을 걷어낸 것으로, 교토에서 즐겨 먹었고 사찰요리의 식재료로 이용되었다. 그러나 중국의 두부제품인 말린 두부나 삭힌 두부는 전해지지 않았다.

두부의 대변신 그 이름은 오뎅

겨울철 서민의 입맛은 오뎅(어묵)이다. 오뎅이란 모내기 풍악인 '덴가쿠'田樂를 지칭하는 궁중 언어인 '오덴가쿠'가 줄어서 '덴가쿠'가 된 것으로 추측한다. 오뎅이라는 요리가 완성되기까지 '재조합'의 프로세스는 상당히 흥미롭다.

오뎅의 원조인 덴가쿠는 처음엔 두부요리였다. 덴가쿠는 가지나 감자, 생선 등을 꼬치에 꽂아 된장을 발라 구운 덴가쿠야키, 혹은 같은 식으로 두부를 굽는 덴가쿠두부의 약칭이다. 요리 이름의 기원이 된 것은 모내기 행사 때 덴가쿠 법사가 흰 바지에 검은 웃옷을 걸치고 '개고다리'라고 하는 죽마에 올라 춤을 추던 모습으로, 두부를 긴

꼬치에 꿰어 화로에서 굽는 요리와 덴가쿠 법사의 모습이 닮아서였다. 원래 덴가쿠는 모내기 때 즐기던 풍악과 가무가 어우러진 예능이었던 것이다.

덴가쿠는 길게 썬 두부를 대나무꼬치에 꿰어 화로 옆에 세워놓고 구우며 매운 된장을 발라 먹었다. 참고로 생선에 된장을 발라 구운 것은 '교덴'魚田이라고 한다.

덴가쿠는 간식 혹은 새참으로 먹었으나 에도 시대 칸에이 연간 (1624~1644)에는 찻집에서도 판매하게 되었다. 겐로쿠 시대에는 엄청난 '재조합'이 이루어지면서 덴가쿠의 주역이던 두부가 곤약으로 바뀌며 곤약덴가쿠가 생겨난다. 곤약을 두부처럼 된장을 발라 먹으면 맛있다는 사실을 알게 된 것이다.

여기서 본격적인 재해석이 시작된다. 곤약을 꼬치에 꿰어 데쳐서 된장을 발라 먹게 되었던 것이다. 곤약의 특성상 '구이'가 '삶기'로 바뀌었다.

분카, 분세이, 텐보(1804~1844) 시대가 되면 곤약과 함께 다른 재료도 함께 넣어 끓이는 덴가쿠(약칭 '오뎅')로 발전한다. 주요 재료가 두부에서 곤약으로 바뀌면서 몇 번의 재조합을 거치다보니 덴가쿠의 본래 모습이 사라져버리고 말았다.

당연히 그런 변화가 한꺼번에 이루어진 것은 아니다. 처음엔 구운 덴가쿠라고 해서 달군 돌에 올려 수분이 날아간 뜨거워진 곤약에 된장을 발라 먹었다.

'푹 끓인 덴가쿠'는 덴가쿠가 '구이'에서 '국'으로 변화했다는 것을 말한다. 된장을 사용하는 된장국은 무로마치 시대부터 먹기 시작했으나 이윽고 간장이 보급되면서 맑은 국이 되었다. 이러한 '국'은 다양한 요리의 기반이 되었고 무로마치 시대가 되면서 무, 우엉, 두부, 감자, 버섯, 생선을 넣은 '아츠메지루'가 만들어지게 된다. 이 '아츠메지루'와 곤약덴가쿠가 융합해 오뎅이 된 것이다.

에도 시대에 오뎅을 판매했다는 것을 오늘날 우리에게 소개한 것은 막부 말기의 유학자 테라카도 세이켄이 저술한 《에도번창기》^{江戸繁昌記}이다. 이 책에 의하면 아타고야마 주변 장터에서 꼬치에 꿴 감자, 두부 등을 냄비에 넣고 푹 끓인 음식을 꼬치 하나에 4몬에 파는 '시몬야'라는 가게가 있었다고 한다.

푹 끓인 오뎅은 순수한 에도 서민요리이자 종래의 덴가쿠와는 전혀 다른 음식이 되었다. 때문에 간사이 지방에서는 '도쿄 다키'라고 부르며 구별했다. 그러나 오뎅은 이윽고 간사이에서 다양한 재료를 넣고 만든 요리가 되었고, 그것이 1923년 간토 대지진 후에 도쿄로 돌아와 유행하게 되었다고 한다. 오뎅가쿠에서 오뎅으로 변모하는 길에는 여러 우여곡절이 있었던 것이다. '재조합'이 요리를 변화시켜 가는 흥미로운 사례이다.

가이세키 요리에서 중요했던 '후'^麩

'후'^麩는 두부와 함께 중국요리에서 가이세키 요리로 이식된 식재료였다. '후'라고 하는 발음은 한자어의 일본어 독음으로, 중국어가 그대로 식재료 이름이 된 것이다. 이처럼 '후'는 선종사찰을 경유하여 민간에 보급된 중국 전래의 모던한 식재료였다.

새로이 전해진 밀가루 가공품 '후'의 제조법은 다음과 같다. 밀가루에 1%의 소금을 넣고 반죽한 다음 천주머니에 넣어 물속에서 주무르면 전분이 분리되어 끈끈한 단백질(글루텐)이 남는다. 그것을 찐 것이 '나마후'이고, 끈기를 더해 구운 것은 오래 저장이 가능한 '야키후'(밀개떡)이다.

당나라 시대의 중국에서는 기름으로 만든 '면근'麵筋이라는 식재료가 있었는데, 그것이 사찰요리에 융합되면서 변질된 것이 '후'라고 전해진다. 무로마치 시대에 '후'의 제조법이 일본에 전해졌고 가이세키 요리와 합쳐졌다. '후'는 나라·헤이안 시대에 일본에 전해졌다는 설과 가마쿠라 시대에 사찰 요리로 쓰였다는 설도 있다.

'후'는 민간에서는 불교에서 정진용으로 쓰이는 식재료로 여겨져 처음에는 불교행사에만 이용되었다. 그러나 차츰 저장할 수 있다는 특성 덕분에 두유를 끓일 때 위에 생기는 얇은 두부껍질, 언 두부, 말린 표고버섯과 함께 '건조식품의 사천왕'으로 여겨지게 되었다.

에도 시대 중기의 백과사전 《화한삼재도회》和漢三才図会는 '후'의 효용에 대해 해열작용, 구충효능이 있으나 소화가 잘 되지 않으므로 위가 약한 사람에게는 맞지 않는다고 기록되어 있다. '후'의 명산지는 선종사찰이 많은 교토로, 특히 14세기 초에 개원한 임제종 다이도쿠지 파의 총본산인 다이도쿠지大德寺의 다이도쿠지후大德寺麩가 유명하다.

| 5 |

미소된장국과
깨

미소된장국 재료로는 두루미가 최고

미소된장은 오래된 조미료로 헤이안 시대부터 이미 먹고 있었다. 죠헤이 연간(931~937)에 편찬된 사전 《왜명류취초》^{倭名類聚抄}에는 "말장^{末醬}은 고려의 장이라고도 하며 미소^{美蘇}라는 이름으로도 불리나 흔히 미소^{味噌}라고 쓴다. 본래는 한자로 말장이라고 썼으나 말^末은 도말^{搗末}이라고 하여 짓찧어 가루로 만든 것을 의미한다. 말^末이 변해 미^未가 되었고, 여기에 입 '구'^口 자가 붙어 미^味가 되었다."고 기록되어 있다.

미소된장은 장의 일종으로 쌀, 보리를 원료로 하는 중국계 당장^{唐醬}과 콩을 원료로 하는 고려장^{高麗醬}이 있었으나 모두 음식에 발라먹는 것이 주된 사용법이었다.

이윽고 미소된장은 민간에 널리 확산되었다. 자신을 칭찬할 때 '테마에미소'^{手前味噌}(내 된장)라고 하는데, 이 말은 "자신이 직접 만든 미소된장을 자랑한다"는 말에서 유래했다. 이러한 말에서도 알 수 있듯이 누룩만 있으면 누구나 쉽게 미소된장을 담글 수 있으며, 지역이나 가정마다 고유의 미소된장이 있었다. 미소된장이 생활에 침투하자 '미소된장국'을 즐겨 먹게 되었다. 미소된장이 조미료로 자리매김한 것이다.

'미소된장국'을 먹게 된 것은 무로마치 시대로, 가이세키 요리의 영향이 컸음을 말한다. 소박함을 지향하는 가이세키 요리에서는 미소된장이 귀중한 식재료로 재평가된 것이다.

'미소된장국'을 정중한 표현으로 '오미오츠케', '오츠케'라고도 부르게 되었다. 또 다른 주장에 의하면 '오미'는 된장을 정중하게 표현한 근세 여성어에서 왔다고도 한다.

무로마치 시대의 미소된장국 재료로 가장 사랑받았던 것은 두루미, 오리, 왜가리, 메추라기와 같은 조류와 오소리, 낫토, 국화잎 같은 것이었다. 맛이 있어진 미소된장을 이용하게 되면서 자연계에 존재하는 풍부한 식재료가 요리에 쓰이게 되었다.

흥미롭게도 최고의 '미소된장국'으로 평가받았던 것은 두루미된장국이었다. 이것은 땅두릅을 넣고 냄새를 없애기 위해 유자즙을 뿌린 것이었다.

요리스타일에 있어 범용성이 넓은 '미소된장국'은 그 간편함이 서민 사이에서 인기를 얻으면서 식탁에 자주 오르게 되었으며 국물요리를 중시하는 일본의 대표적인 요리가 되었다.

에도 시대가 되자 서민 사이에서도 '미소된장국'이 보편화되었고

아침식사로 먹는 '미소된장국'이 귀중한 단백질원이 되었다. '미소된장국'을 일컫는 이름 중 하나인 '오미오츠케'는 정중함을 나타내는 한자 '御'를 세 번이나 반복해 '오오오츠케'御御御つけ라고 했다. 서민에게는 고마운 식재료였던 것이다.

탐미주의 소설가 다니자키 준이치로는 자신의 수필 《음예예찬》에서 미소된장국에 대해 다음과 같이 서술하고 있다.

"가령 우리가 매일 아침 먹는 붉은 빛이 도는 진한 미소된장국도 그 색을 음미해보면 침침했던 집에서 기인했다는 것을 알 수 있다. 내가 한 다회에 초대받아 갔을 때 미소된장국이 나온 적이 있었는데, 평소에는 아무 생각 없이 먹던 걸쭉하고 붉은 빛을 띠는 국물이, 아롱이는 촛불 아래에서 검은 칠기사발에 담겨 찰랑이는데 실로 깊이가 느껴지면서 입맛을 당기는 색을 띠고 있었다."

깨는 사찰요리와 함께

일본요리는 전통적으로 '물'이 기본이다. 이에 비해 중국요리의 기본은 기름이다. 선종사찰에서 가이세키 요리로 사찰요리를 내게 되면서 식용유가 많이 쓰이게 되었는데, 이때 깨, 유채, 콩, 비자나무, 동백이 기름의 원료가 되었다. 식물성 식재료를 사용하는 칼로리가 적은 사찰요리에서는 기름이 에너지원으로 빠질 수 없었다.

깨의 원산지는 아프리카이다. 중국에서는 전한의 무제 시대 때 서역에 파견되었던 장건이 대원大宛(중앙아시아의 동부 페르가나 지방)에서 들여왔다고 한다. 깨는 '호마'胡麻라고 표기하는데, '胡'는 중국 북방지역으로 북방에서 들어온 마와 같은 식물이라는 의미가 된다.

깨는 송나라 때 건강식재료로 사랑받았다. 송나라를 대표하는 문인 소동파는 흑임자를 매일 먹으면 장수할 수 있고 젊어지는 효과가 있다는 기록을 남겼다.

참기름을 만들기 위해서는 깨를 갈아야 하기 때문에 절굿공이와 절구가 필요했다. 절굿공이와 절구는 14세기 전반에 중국에서 일본의 선종사찰에 전해진 것으로 알려지고 있다. 일본에서는 다른 이의 환심을 사서 자신의 이익을 추구하는 것을 '고마스리'(깨를 간다)라고 하는데, 여기에 '보즈'(승려)라는 말이 더해져 '고마스리보즈'라는 말이 되었다. 이러한 말은 깨를 가는 문화가 선종사찰에서 시작되었다는 것을 대변한다.

아프리카에서 온 깨

서아프리카 니제르강 유역 초원 지역에서 재배되던 '깨'(영어로는 세사미sesame, 프랑스어로는 세자므sésame)는 수많은 교역로를 거쳐 유라시아로 퍼져나갔다. 많이 알려지지는 않았지만 깨는 아프리카가 기원인 식물이다.

깨는 처음엔 곡물로 간주되어 잎도 식용으로 쓰였으나 훗날 깨를 볶아 리놀산이 많이 함유되고 단백질이 풍부한 최고급 기름(참기름)으로 사용되었다고 한다. 참기름은 영양이 풍부하고 쉽게 산화되지 않는 데다 끈기가 있으며 향이 좋고 정제하기 쉽다는 많은 장점을 가진 귀중한 식재료이다. 현재 일본에서도 상당한 붐이 일고 있다.

깨는 아주 오래된 고대 시대에 서아시아, 인도로 전파되었다. 영어 세사미^{sesame}의 어원은 메소포타미아를 통일한 아시리아의 말 삼사무^{samssamu}에서 파생된 그리스어 세사미$^{sesamon, sesame}$에서 유래했다. 일찍이 고대 이집트에서는 깨로 만든 과자가 있었다고 하며 인더스 문명에도 깨가 식용으로 쓰였다고 한다.

의외인 것은 참기름이 피부를 부드럽게 하는 성질을 가졌다고 해서 향료를 풀기 위한 기름으로도 쓰였다는 점이다. 로마의 카이사르와 안토니우스라는 두 호걸을 쥐락펴락하던 이집트의 클레오파트라(BC 69~BC 30)는 전신에 참기름을 발라 부드러운 살결을 유지했다고 한다. 지금도 참기름은 헤어왁스로 이용된다.

| 6 |

간장과 다시마와
가다랑어포

된장 제조의 부산물 '간장'

간장은 된장에서 파생된 조미료이다. 일본어 표기 쇼유醬油의 유油는 액체 상태의 장醬이라고 해도 무방하다. 초기 간장은 콩을 삶은 후 콩물을 약한 불로 졸여 농축한 조미료였다고 한다.

중국에서는 후한 말에서 송나라 시대에 걸쳐 간장이 '장청'醬淸, '장즙'醬汁이라 부르며 된장에서 나온 국물을 의미했다. 간장은 어디까지나 된장을 만들 때 생기는 부산물이었다. 중국에서 간장을 독립된 조미료로 인식하게 된 것은 명·청 시대의 일이다.

일본의 간장의 기원은 간장을 부르는 다른 이름이 '다마리'라는 점에서 '다마리(밑에 고인)간장'으로 보고 있다. 가마쿠라 시대 후기였던 1254년 송나라에서 수행한 신슈의 선승 카쿠신이 중국 절강浙江의 유명한 사찰 경산사徑山寺에서 경산사된장 제조법을 들여왔다. 볶은 콩과 보리누룩, 소금과 함께 잘게 썰어 소금에 절인 오이, 가지, 도토리, 차조기, 생강 등을 넣고 10개월 동안 숙성시킨 된장이다.

카쿠신이 기슈(와카야마, 미야기현 남부)의 유아사에서 마을사람들에게 된장제조법을 가르칠 때 우연히 나무통 바닥에 남아 있던 국물이 무척 맛있다는 것을 발견한 것이 '다마리간장'을 만드는 계기가 되었다. 다마리간장은 지금도 아이치, 미에, 기후 등 3개 현에서 생산하고 있다. 장을 담가 그것을 짜서 본격적으로 간장을 만들게 된 것은 전국 시대 중기로 추정된다.

간장이 처음 등장하는 문헌은 1597년에 편찬된 용어설명집 《역림본절용집》易林本節用集이다. 시장이 활발하게 열리면서 경제성장이 전망되던 무로마치 시대에 간장의 양조기술이 발전하면서 일상생활에 침투했을 것이라고 여겨진다.

간장이 보급되면서 생선을 먹는 방법에도 변화가 생겼다. 예전에는 생선살을 잘게 썰어 먹던 회鱠(나마스)가 두껍게 회刺身(사시미)를 뜨는 형태로 바뀐 것이다. 참고로 회鱠를 '나마스'라고 읽을 때 '나마'는 '날 것', '스'는 '식초'를 뜻하는 것으로 날 생선을 잘게 잘라 식초와 먹는 요리였다.

'사시미'의 출현으로 생선을 손질하는 방식이 달라졌을 뿐 아니라 간장을 사용하게 되면서 날 생선의 맛을 음미할 수 있게 되었다. 짠맛이 나는 간장을 사용함으로써 생선이 가지고 있는 본연의 맛을 끌어낼 수 있었던 것이다. 일본 고유의 간장을 주체로 하는 음식문화의 탄생이었다. 사시미가 문헌상에 처음으로 등장하는 것은 무로마치 시대인 1448년이다.

생선회 문화의 발흥

일본에서도 가마쿠라 시대까지는 담수어가 해수어보다 좋은 식재료로 평가받았다. 가령 요시다 켄코의 수필 《도연초》徒然草에 나오는 잉어탕에 대한 묘사만 보더라도 잉어가 훌륭한 식재료로 여겨졌던 것 같다. 잉어 대신 도미가 더욱 대접받게 된 것은 근세 이후의 일이다.

일본요리는 '시각적' 요소가 큰 비중을 차지하지만, 섬세하고 다양한 생선의 맛을 살릴 수 있도록 칼질법이 다양해지면서 '자르는' 기술이 발달했다. 생선회가 출현한 무로마치 시대 이전에는 중국과 마찬가지로 날 생선은 식초와 함께 먹었다. 섬세하고 아름다운 모양으로 뜬 생선회는 '츠쿠리미'라고 불리게 된다. 지금도 간사이 지방에서는 생선회를 '오츠쿠리'라고 하는데, 바로 생선회의 옛 이름인 것이다. 단순한 요리처럼 보이는 생선회지만 간장, 무, 해초류 등의 역할도 중요해 접시의 약간 뒤쪽을 무채를 쌓아 높인 것을 '켄', 생선회 옆에 곁들이는 해초류 등의 '츠마', 매운맛을 더하는 '와사비' 등이 합세하면서 요리의 균형을 이루게 되었다.

이윽고 다양한 종류의 생선회가 생겨나자 지느러미나 꼬리를 생선회에 꽂아 어떤 종류인지 알 수 있게 했다. 여기에서 '사시미'라는 이름이 탄생하게 된다. 원래 '생선회'를 뜰 때 사용하던 길고 가는 칼을 '사스가'刺刀라고 부르던 데에서 유래했다는 설이 있다.

에도 시대 중기 에도에서는 상류층은 생선회를 먹지 않았고, 서민이 먹었던 것도 정어리, 광어, 복어 정도였다고 한다. 그러니 생선회가 널리 확산되기까지는 오랜 시간이 걸린 듯하다.

일본의 맛을 만들어낸 가다랑어포와 다시마

오늘날 일본요리의 육수의 기본은 가다랑어포(가츠오부시)와 다시마의 조합이다. 글루타민산과 이노신산이 결합하며 맛의 상승효과가 이뤄지면서 절묘한 일본의 맛을 연출하고 있다. 이러한 일본의 맛의 기본이 모습을 드러낸 것도 무로마치 시대였다. 가마쿠라 시대와는 비교할 수 없을 정도로 화려한 혼젠요리本膳料理(일본의 정식 요리)가 쇼군을 비롯한 지배층의 식사로 등장하게 된다.

가마쿠라 시대와 무로마치 시대의 요리의 차이는 육수를 내는 방법이었다. 그 차이를 연출한 것이 다시마와 가다랑어포이다.

무로마치 시대에는 에조치(홋카이도)와의 교류가 활발해지면서 다시마가 교토에도 상당한 양이 쏟아지면서 맛의 새로운 바탕이 되었다. 다시마는 에조치의 해초라는 의미로 '히로메', '에비스메'라고 불렸다. '곤부'라는 이름은 아이누어에서 유래하는데, 헤이안 시대 때부터 사용했을 것이라 추정하고 있다.

가다랑어는 일본열도를 따라 태평양을 흐르는 난류인 '쿠로시오'黑潮를 타고 태평양 연안을 북상하는 해수어로, 예로부터 건조시켜 건어물로 이용했다. 《연희식》에서는 기이, 시마, 스루가, 이즈, 사가미, 아와.

도사, 분고, 휴가 지역에서 조정으로 진상되었다는 기록이 있다. 《대보령》, 《연희식》에서는 말린 가다랑어가 '가타우오'堅魚라는 이름으로 등장한다. 가타우오의 '가타'는 딱딱하다는 뜻이다. 이 가타우오가 줄어서 가츠오라는 이름이 되었다.

당시에는 '제철' 식재료를 얻을 수 있는 시기가 한정되어 있고, 바로 소비하지 않으면 쉽게 상하기 때문에 저장법의 개발이 시급했다. 가다랑어는 딱딱하게 건조시킴으로써 훌륭한 저장식품으로 거듭났다. 가츠오는 원래 딱딱하게 건조시킨 가다랑어를 부르는 이름이었다. 딱딱하게 건조시켜 저장한 것은 연어도 마찬가지였다. 홋카이도에는 아이누문화에서 계승된 연어를 건조시킨 '도바'가 훌륭한 건조식품으로 지금도 많은 이들에게 사랑받고 있다.

단백질이 부족한 내륙부로 운반할 때도 건조시킨 가다랑어는 무척 편리했다. 나라 시대가 되자 가다랑어를 쪄서 말리는 가다랑어포의 원형이 탄생하게 되면서 니가타우오(쪄서 말린 가다랑어), 가타우오이로리(가다랑어를 쪄낸 물을 농축시킨 것)와 같은 단어가 《연희식》에 등장하게 된다. 그러나 헤이안 시대가 되면서 가다랑어의 정보가 갑자기 끊기고 만다. 가다랑어는 귀족의 식탁에는 오르지 않았던 것 같다.

무로마치 시대에는 '가츠오부시'라는 이름이 오랜만에 등장한다. 이름의 유래는 가다랑어를 연기를 피워 그슬리는 '이부스'라는 과정에서 왔다는 설, 머리를 자르고 배를 가른 다음, 등의 살과 배의 살로 나눈 것을 '부시도리'라고 하는데, 여기에서 따 온 말이라는 설 등이 있다. 전국 시대가 되자 가다랑어는 '승어'勝魚(이길 승자를 '가츠'라고 읽는 것에서 만들어진 언어유희)라는 한자를 쓰게 되면서 재수가 좋은 저장식품으로 무사들에게 사랑받으며 우메보시(매실장아찌)와 함께 귀중한 식량이 되었다. 기근에 대비한 식품으로도 훌륭했다고 한다.

가다랑어포가 본격적인 조미료로 중요한 자리를 차지하게 된 것은 에도 시대이다. 가다랑어포를 만들기 시작한 것은 당연한 말이지만 가다랑어를 잘 아는 어부였다. 기록에 따르면 1674년에 기슈에 사는 어부 진타로가 도사 근해에서 잡은 가다랑어를 우사우라에서 가공한 것이 최초로, 도사의 요이치가 개량해서 지금의 가다랑어포 제조법을 탄생시켰다고 한다. 역시 가다랑어는 예나 지금이나 고치현 산이 최고다.

딤섬에 뿌리를 둔
오코노미야키와 만쥬

크레페에서 오코노미야키로

센노 리큐가 '다도'를 집대성했을 때 딤섬(차노코)으로 자리매김한 것이 '후노야키'였다. 흥미롭게도 '차'에서 중시되던 '후노야키'가 '재조합'에 의해 현재의 서민요리 '오코노미야키'(부침개)가 되었다는 설이 있다. 또한 가마쿠라 시대의 유전병油煎餠(곡물을 익반죽하여 기름에 지진 떡)이 원조라는 설도 있다.

밀가루를 반죽해 얇게 펴서 지진 후 된장을 발라 말아서 만든 식품이 '후노야키'이다. 이른바 일본식 크레페 같은 것이다. 센노 리큐가 이 '후노야키'를 얼마나 좋아했는지 《리큐백회기》利休百会記라는 자료에 의하면 88차례의 다과회 중 '후노야키'가 68차례나 등장하며 다른 과자를 압도하고 있다.

에도 시대가 되자 팥이나 밤 등으로 만든 소를 '후노야키'에 말아

오코노미야키

오코노미야키는 불황이 이어지던 1930년대 도쿄
에서 탄생했다. 그러다 2차 세계대전 후 오사카상
인의 눈에 띄어 오사카로 이식되어 서민 요리로
유행하게 되었다. 밀가루 반죽에 재료를 넣고 섞
는 간토 방식과는 달리 간사이 방식은 반죽 위에
야채, 해산물, 고기 등 풍부한 재료를 얹고 철판에
굽는 것이 특색이다.

서 먹는 '스케소야키'가 판매되기 시작했고, 곧 에도의 명물과자가 되었다. 다른 지방에서는 몬지야키도 유행한다. 현재의 '몬자야키'는 이 몬지야키가 변해서 된 것이다.

메이지와 다이쇼 시기에는 '몬지야키'가 '돈돈야키'가 되었다. 이러한 전병煎餅은 서민 사이에서 유행한 놀이를 겸한 요리여서 어른이고 아이고 할 것 없이 즐기게 되었다.

세계공황이 덮치고 만주사변이 일어난 1931년에서 1932년의 암울했던 시대에 돈돈야키는 도쿄에서 화류계의 놀이로 대유행하게 된다. 가로세로 약 30센티미터의 사각 철판을 올려놓고 숯불로 구울 수 있는 조리대가 만들어졌고 다양한 식재료를 구우며 식사를 즐겼다. 서민 요리 '오코노미야키'는 불황이 이어지는 도쿄에서 탄생한 것이다.

2차 세계대전 후 그것이 오사카상인의 눈에 띄어 오사카로 이식되었다. '오코노미야키'는 오사카의 풍토와 잘 맞았고 서민 요리로 유행하게 되면서 모든 것이 오사카식으로 바뀌었고 히로시마 등에도 전해져 많은 재료가 더해졌다.

도쿄의 '몬자야키'도 한국전쟁 무렵 다시 부활했다. 반죽에 재료를 넣고 섞는 간토 방식과는 달리 간사이 방식은 반죽 위에 풍부한 재료를 얹는 것이 특색이다.

만쥬와 《삼국지》의 제갈공명

'딤섬(차노코)'의 하나로 송나라에서 일본에 전해진 대표적인 음식이 '만쥬'饅頭였다. 만쥬의 '만'蠻이 '감싸다'라는 뜻이 있듯이 만쥬는 재료를 감싸는 밀가루 피가 큰 의미를 가지고 있었다. 만쥬도 선승에 의해 전해진 밀가루 음식이다.

만쥬의 기원은 오래되었는데,《삼국지》로 유명한 제갈공명과 관련이 있다고 전해진다. 촉나라의 제갈공명이 맹획을 치고 개선하는 도중 갑작스런 폭풍으로 강을 건널 수 없게 되었다. 곤경에 빠진 제갈공명이 주민에게 물으니 신의 노여움을 풀기 위해서는 살아 있는 제물을 바쳐야 하는데 49명의 목이 필요하다고 했다. 그러나 제갈공명은 죄 없는 사람의 목숨을 희생할 수 없다 하여 양과 돼지고기를 잘게 썰어 밀가루 반죽으로 만든 피에 싸서 제를 올린 후 만쥬를 강에 던졌다. 그러자 폭풍이 멈추고 무사히 강을 건널 수 있었다는 고사가 있다.

그래서 만쥬의 표기는 처음엔 '만수'饅首라고 표기되었다가 훗날 '수'首가 같은 의미인 '두'頭라는 한자로 바뀌었다고 한다.

밀가루음식에는 밀가루 반죽을 발효시키는 것과 그렇지 않은 것이 있다. 유럽의 빵은 반죽을 발효시켜 만든다. 중국에서도 차츰 반죽에 곰팡이를 번식시켜 만든 '떡누룩'餅麴이라는 누룩을 넣어 발효시킨 후 증기로 '찌는' 만쥬를 만들기 시작했다. 누룩으로 인한 만쥬의 '재조합'이었다.

일본의 만쥬는 청주 제조에 사용하는 '흩임누룩'散麴을 썼다. 흩임누룩이란 쌀과 같은 곡물을 쪄낸 다음 실내에서 누룩곰팡이를 번식시켜 만든 누룩이다.

만쥬의 전래에는 두 가지 설이 있는데, 모두 중국에서 유학한 선승과 깊은 관련이 있다. 엔니^{円爾}는 송나라에서 유학하며 면류, 차, 만쥬 등을 일본에 전했다. 고기 대신 곡물소를 넣어 만든 만쥬를 만드는 기술은 엔니가 하카타에서 다실의 주인에게 전하면서 확산되었다고 전해진다. 전국에 확산된 유명한 만쥬전문상회 도라야^{虎屋} 방식으로 팥소를 넣는 만쥬이다.

또한 남송 초기인 1349년에 교토 켄닌지^{建仁寺}의 류잔 선사^{龍山禪師}가 중국 유학에서 돌아올 때 송나라 사람인 불제자 린죠인^{林浄因}도 함께 왔는데, 바로 그 린죠인이 만쥬를 처음 만들었다는 설이 있다. 린죠인은 임제종의 총본산에 유학한 류잔 선사와 관련이 있는 지식인으로, 아마도 몽골인의 지배에 넌더리가 나 일본으로 건너온 것이 아닐까 짐작되는 인물이다. 그는 나라에 정착하면서 일본인 여성과 결혼해 만쥬를 만들었다. 그것이 나라만쥬의 원조로 추정된다.

훗날 린죠인의 자손이 과자 만드는 법을 연구하기 위해 명나라에 갔다가 귀국한 후 미카와^{三河}(아이치현) 시오제 마을에 살다가 상경해 교토의 가라스만쥬 가게를 열었다. 그것이 '시오세만쥬'^{塩瀬饅頭}의 기원이다. 만쥬는 처음엔 짠맛으로 주로 '반찬'의 역할을 하며 지금의 만쥬처럼 달달한 음식이 아니었다. 시오세만쥬는 이윽고 에도의 레이간지마에 가게를 열고 1655년에서 1961년 사이에 곡물소를 넣은 만쥬를 시판하게 되었다. 만쥬는 에도에서 많이 먹는 음식이었으나 유명해진 것은 덴마쵸의 시오세만쥬와 혼죠의 도리카이이즈미만쥬이다. 둘 다 피가 얇고 곡물소가 많은 것으로 유명했다. 린죠인은 사후에 죠인메이라 불리며 제과의 신으로 추앙받고 있다.

| 8 |

양갱과 우이로의
근원

양갱의 기원은 양고기였다

무로마치 시대에는 선종을 통해 많은 종류의 딤섬이 일본에 들어왔다. 서간체 형식의 가정교육 교과서인 《정훈왕래》庭訓往来에는 30여종의 딤섬이 등장한다. 그 가운데에는 양갱羊羹, 저갱猪羹, 로쵸칸驢腸羹, 게츠소칸月鼠羹, 라쿠다테이駱駝蹄 등 양, 멧돼지, 당나귀, 쥐, 낙타 등 동물 이름을 가진 딤섬도 있다. 이들 딤섬은 처음엔 동물의 고기를 사용했지만 점차 팥과 같은 식물로 대용하는 식품으로 변한 것이라 추측된다.

일본을 대표하는 과자 중 하나인 양갱의 원형은 문자 그대로 해석하면 양고기가 들어간 탕이었다. 《당서》唐書에는 "낙양洛陽에 있는 민가에서 중양절(세시 명절의 하나로 음력 9월 9일)에 양간병羊肝餅을 만든다."는 기록이 나온다. 이를 보면 당나라 시대에는 국화꽃을 즐기는 중양절에 양간병을 먹었던 것 같다. 양간병이나 양갱의 실태는 정확하지 않지만 당나라에서는 유목문화의 영향으로 양의 고기나 간을 귀중히 여겼으므로 양고기를 먹었던 것 같은데, 이윽고 이것이 다른 식재료로 바뀌게 되었다.

선종을 통해 일본에 들어온 양갱은 식물성 재료를 사용해 양고기처럼 뭉쳐서 찐 음식이라 추정된다. 일본에서는 팥가루, 마, 밀가루, 칡가루, 설탕이 원료가 되었다.

무로마치 시대에 다도가 성행하게 되자 양갱은 다과자茶菓子 '딤섬'으로 이용된다. 쪄낸 음식이 귀한 대접을 받게 된 것이다. 아즈치 모모야마 시대에는 곡물을 곱게 갈아 쪄낸 연양갱練羊羹이 개발된다. 1589년 교토 후시미에 있는 양갱가게 스루가야의 5대 주인 오카모토 젠에몬이 팥과 우무, 설탕을 넣어서 연양갱을 고안해냈다.

에도 시대가 되자 붉은 팥에 밀가루를 섞어 설탕물을 끓여 반죽해 찜통에 쪄서 색을 입힌 증양갱蒸羊羹이 만들어졌다. 에도 시대 중후기에는 사치스러운 증양갱도 나오기 시작했다. 증양갱은 단맛이 적고 변질되기 쉬웠기 때문에 차츰 연양갱이 주류가 되었다. 연양갱은 1789~1792년경에 니혼바시 시키부코지에 살던 키타로라고 하는 과자 장인이 처음 만들었다고 한다.

훗날 양갱은 밀가루 대신 한천을 넣고 틀에 넣어 굳히게 되었다. 양갱을 세는 단위로 배를 젓는 데 쓰는 노의 한자인 탁棹을 쓰게 된 것은 배처럼 생긴 틀에 넣고 만든 양갱을 길게 잘라서 만들었기 때문이다.

'우이로'의 근원은 탈취제

우이로外郎는 쌀가루와 흑설탕을 원료로 만든 검은색 증양갱이다. 이는 중국에서 일본에 온 관리가 만들었다는 투구 속 머리냄새를 없애는 우이로환약 투정향透頂香과 색과 향이 같다고 하여 '우이로'라고 불리게 되었다. 송나라에서 바깥 외外를 '우이'라고 발음했기 때문에 우이로가 되었다. 우이로는 원래 중국의 관직으로, 인가이로라고도 불렸다.

오안 연간(1368~1375)에 원나라 사신이었던 인가이로 진연우陳延祐가 일본에 망명해 투정향을 전했다는 이야기가 있다. 이 시기는 반反몽골 홍건의 난에서 활약한 주원장이 1368년에 몽골을 무찌르고 명나라를 건국하는 동아시아의 격동기였다. 유라시아를 지배해온 몽골 제국이 무너지고 동아시아의 대변동이 일어난 것이다. 그러한 시대의 격랑이 전해준 것이 '우이로환약'이었다.

'투정향'은 원래는 갓을 쓰느라 땀으로 젖은 머리냄새를 없애는 향료였다. 처음엔 불쾌한 냄새를 없애는 향료였으나 차츰 두통을 낫게 하고 위장의 열을 내리며 입안을 상쾌하게 하는 약으로 여기기 시작했다.

진연우의 아들 타이넨소키는 무로마치 막부의 3대 쇼군인 아시카가 요시미츠에게 초청되어 '우이로'를 만들게 되고, 그것을 오다와라(가나가와현)의 호죠우지즈나에게 진상했고, 에도 시대가 되자 오다와라의 명물이 되었다.

찐과자인 '우이로'의 기원에 대해서는 불명확하지만 각지에서 만들어졌다. 특히 야마구치현에서 만든 것이 가장 유명해졌으며, 훗날 나고야에도 전해지면서 명물이 되었다고 한다. 이윽고 백설탕을 사용하게 되면서 검은색 우이로는 사라졌지만 이름은 그대로 이어지고 있다. 나고야에서 '오구라우이로'를 파는 모치분이라는 가게는 1659년에 창업했다.

| 9 |

'사케'의 대약진

모로하쿠諸白와 삼단양조법

가마쿠라 시대가 되자 상품거래장소인 '시장'이 성장해 막부나 사찰에서 인정한 '술도가'에서 술 제조를 맡았다. 무로마치 시대에는 그 수가 늘어 술도가에 매기는 세금이 막부의 주요 재원이 되었다. 음주와 주류매매가 민간에 퍼지기 시작한 것이다.

중세 유럽에서 와인 양조 기술이 수도원에서 발전한 것처럼 무로마치 시대에는 사찰의 승방에서 새로운 양조 기술이 개발되었다. 깁체로 거른 모로하쿠諸白(맑은 청주) 제조, 삼단양조법 등 새로운 기술개발이 이어졌다.

1478년부터 약 140년 동안 양조에 관해 기록한 《다문원일기》多聞院日記에는 발효를 멈추기 위한 기술 '저온살균'을 기록하고 있다.

이 기술은 상당히 주목받았다. 유럽에서는 19세기 후기가 되어서야 루이스 파스퇴르가 저온살균법을 개발해 맥주, 와인의 대량제조가 가능해졌다. 그러나 일본에서는 이미 무로마치 시대에 살균기술이 경험적으로 개발되었던 것이다.

아와모리와 오키나와의 대무역 시대

일본에 증류주가 전파된 경위에는 여러 설이 있다. 그러나 15세기 중엽 교역국인 태국(샴)의 아유타야왕조에서 류큐琉球(오키나와)에 전파되었다는 설이 일반적이다. 현재에도 오키나와의 소주 '아와모리'泡盛가 태국쌀을 주원료로 사용하며 곰팡이 일종인 흑누룩균으로 만든 걸쭉한 밑술을 증류한 술이라는 것이 이를 대변한다.

오키나와와 태국이 어떻게 연결되었는지는 파악하기 어렵다. 하지만 류큐왕조와 동남아시아 각국 사이의 활발한 교역활동이 증류기술 전래의 배경이 되었다. 오키나와의 대교역 시대였다.

몽골제국 시대에는 유라시아 규모로 육, 해 교역 네트워크가 연결되어 해상에서는 중국 상인의 적극적인 활동이 있었다. 중국 상인은 인도, 페르시아만에 이르는 광대한 해역에서 활약했다.

그러나 몽골세력이 쇠퇴하고 세워진 명나라는 중화제국의 질서를 재편하기 위해 바다에서 후퇴하기로 했다. 명나라는 감합무역으로 해외무역을 정치적으로 통제했고, 해금정책으로 민간상인의 해외무역을 금지한다는 극단적인 정책전환을 꾀했다. 대량으로 유입되던 인도, 동남아시아의 향신료와 향목의 공급이 끊기고 만 것이다.

여기서 명나라의 3대 황제 영락제는 이슬람교도인 환관 정화鄭和에게 27,000명이 탈 수 있는 대함대를 이끌게 해 인도 서아시아로 파견, 대규모 관영무역을 지시했다. 그러나 방대한 출자가 필요한 관영무역은 막다른 곳에 몰리게 되고, 명나라는 류큐왕국을 이용하는 정책으로 채택하게 되었다. 류큐에 무역선을 무상으로 제공하고 많은 복건福建 사람을 이주시켜 감합부勘合符(중국 명나라 때에 외국과의 통교 및 무역에 대하여 발행하던 확인 표찰) 없이 자유로이 명나라 항구에 출입할 수 있는 특권을 준 것이다.

이로 말미암아 15세기 중엽부터 16세기 초기에 걸쳐 오키나와는 동남아시아, 명나라, 일본, 조선을 잇는 동아시아의 무역센터로 성장했다.

태국에서 전해진 증류 기술

당시 동남아시아 교역센터, 말라카와 함께 태국의 아유타야왕조도 열심히 해외무역을 추진하고 있었으며, 이슬람세계에서 태국으로 전파되었던 증류기와 증류주 제조기술이 오키나와에 전해져 '아와모리'가 된 것이다. 포르투갈인의 문헌을 보면 동남아시아교역에서 활약했던 '류큐인'이 '레케오'라는 이름으로 등장한다.

오키나와에 전해진 증류기 '알렘빅'alembic은 고구마 등과 함께 사츠마(가고시마현)에 전해졌다. 1543년 대포와 소총이 전해진 지 3년 후에 사츠마를 방문한 포르투갈인 조르즈 알바레스는 사츠마에 쌀로 만든 소주가 있다고 기록했다.

오키나와의 소주는 태국쌀에서 벗어나지 못하고 전통적인 양조법을 고수했다. 현재에도 아와모리는 태국쌀로 만드는 것이 바람직하다는 평가를 받고 있다.

그러나 태국쌀을 원료로 확보하는 일이 어려웠던 사츠마에서는 화산재 지역에서 대량으로 생산되는 고구마를 쪄서 양조해 소주의 원료로 삼은 고구마소주가 고안되었다. 사츠마를 방문한 적이 있는 의사 다치바나 난케이의 저서 《서유기》西遊記(1795)에 "사츠마는 오키나와 고구마로도 술을 빚는다. 그 맛이 상당하다. 고구마소주라고 한다."고 기록되어 있는 것으로 보아 18세기 말에는 이미 사츠마소주가 제조되고 있었던 것을 알 수 있다. 그 이후 소주는 보리, 메밀, 흑설탕 등 다양한 원료를 이용하게 되었다.

에도 시대가 되자 소주는 전국으로 확산되었다. 소주가 '아라키', '아라키주'酒로 불리는 것은 서아시아, 인도, 동남아시아의 '아라크'arrack에서 온 말로, 이슬람세계에서 증류기술이 오키나와를 통해 일본열도에 전해졌다는 것을 말해준다. 세계사의 큰 열풍이 일본열도까지 도달한 것이었다.

또한 증류기는 '라무비키', '란비키'라고도 부르는데, 이 말이 아라비아어인 '알렘빅'에서 왔다는 사실은 두말할 필요가 없다.

제4장

포르투갈과 네덜란드가 가져온
음식문화

| 1 |

포르투갈인이 가져온
음식문화

음식의 대교류와 '운반책'이 되었던 포르투갈인

지구 표면의 7할은 바다이고, 그 대부분은 대서양, 태평양, 인도양이라는 대양^{ocean}이 차지하고 있다. 대양에 네트워크가 만들어지고 대서양을 매개로 한 지구적 규모의 무역이 성행하게 된 15세기부터 16세기를 '대항해시대'라고 부른다.

대규모 무역은 물건 교류도 함께 이루어졌다. '신대륙' 기원의 옥수수, 감자, 고구마, 카사바, 바닐라, 해바라기, 칠면조 등이 유럽, 아시아, 아프리카로 이식되었고, 반대로 '구대륙'의 보리, 쌀, 커피, 올리브, 소, 돼지, 양 등이 '신대륙'으로 건너갔다. 그것은 오랜 세월 한결같던 지구의 생태계를 변화시킬 정도였다.

그러던 중 유럽 각국은 대서양과 '신대륙'을 잇는 바다 상업망을 구축하면서 급성장하게 되었다. 15~16세기에는 스페인과 포르투갈이,

17세기 전반은 네덜란드, 17세기 후기 이후는 영국으로, 바다의 패권국이 바뀌었다.

당시 일본은 세계 유수의 은 생산국이었다. 그래서 은을 사려는 포르투갈상인, 네덜란드상인으로 인한 '대항해시대'의 파동이 일본에도 직접적으로 영향을 끼쳤다. 포르투갈선박, 스페인선박, 네덜란드선박이 입항하면서 일본의 '음식'은 크게 변하게 된다.

'대항해시대'에 처음으로 일본에 전혀 다른 세상의 식품군을 전한 것은 포르투갈인이었다. 포르투갈의 엔리케 왕자는 아프리카 내륙에 존재한다고 여겨지던 성 요하네(프레스터 존^{Prester John} 중세에 아시아에 강대한 기독교 국가를 건설했다는 전설상의 성직자·국왕)의 나라와 손잡고 이슬람교도와 싸워 수단과의 황금거래를 목표로 아프리카 서쪽해안을 조직적으로 탐험하고 있었다.

그는 이탈리아인과 이슬람교도의 탁월한 항해기술을 습득하고 탐험대를 조직했다. 아프리카 서쪽 해안으로 항로가 열리고 그가 세상을 떠난 뒤 1488년 바르톨로뮤 디아즈가 희망봉에 도달했다.

10년 후, 바스코 다 가마 함대는 희망봉을 넘어 아프리카 동쪽 해안을 따라 북상했다. 그리고 마침내 아랍인 물길안내자의 도움으로 인도 서쪽 해안에 있는 대무역항 캘리컷^{Calicut}에 다다랐다.

함대가 가져온 산지 직송 후추는 항해 비용의 60배가 넘는 부를 포르투갈 왕실에 안겨주었다.

포르투갈왕은 인도무역을 국영화한 후 인도 서쪽 해안인 고아, 말라카해협과 접해 있는 동남아시아 교역센터 말라카에 거점을 구축하고 동아시아해역에도 진출해 1540년대에는 풍부한 은 생산국인 일본과의 무역을 시작했다.

동아시아의 밀무역시대와 '은의 나라' 일본

포르투갈인이 동아시아 해역에 진출한 16세기는 명나라의 무역통제가 파탄을 초래한 시기였다. 몽골인의 압력이 세지면서 연해 지역의 밀무역단속이 느슨해졌던 것이다.

1449년 토목보土木堡 전쟁으로 명나라 영종이 되르벤 오이라트Dorben Oirad 부족 에센의 포로가 된 사건(토목의 변)이 상징하듯 북몽골인의 위협이 거세지며 명나라는 거금의 비용을 들여 북방을 지키지 않으면 안 되었다. 16세기가 되자 명나라는 현재도 남아 있는 장대한 '만리장성'을 구축하는 등 북방 방위에 힘을 쏟았는데, 그러다 보니 단속이 느슨해진 복건, 광동 등에서 밀무역이 공공연해졌다.

일본에서는 1526년에 하카타의 거상 가미야 쥬테이가 이와미 은광 개발에 착수했고, 1533년에 조선을 통해 들어온 제련기술인 정련법 덕분에 은 생산량이 폭발적으로 증가했다. 일설에 의하면 당시 일본의 은 생산량은 전세계 생산량의 3분의 1에 달했다고 한다.

일본의 상인은 풍부한 은으로 조선에서 면포를, 명나라에서 명주실을 수입해 광역화된 무역 네트워크를 활성화시켰다. 전국의 다이묘들과 연결된 거상이 성장했고, 개중에는 넓은 네트워크를 이용해 무역, 해운업, 창고업, 광산경영, 철포제조 등 종합상사의 성격을 띤 거상도 나타났다.

명나라의 밀무역의 중심은 장강 하구의 주산舟山에 설치된 쌍서항 双嶼港이었다. 1545년에는 하카타상인도 이 밀무역항에서 거래를 했다.

일본의 휴가, 사츠마, 오오스미, 분고와 같은 항구나 국제무역항이 었던 나가사키 히라도에도 많은 중국인 상인이 찾아왔고, 이들이 가 져온 당나라 물건을 사기 위해 교토나 오사카 상인들이 각 항구를 순 례할 지경이었다. 사츠마의 시마즈 가문에 종사하던 선승 난포분시의 《철포기》鐵砲記에 의하면 1543년 8월에 포르투갈인이 대선(정크Junk)을 타 고 타네가시마에 표착해 철포를 전했다고 하는데, 그 배에 오봉五峰이 라는 중국 상인이 함께 타고 있어 포르투갈 상인의 동승을 전했다고 한다.

이 오봉은 쌍서항의 밀무역을 관리하던 거상으로, 밀무역의 두목 왕직王直의 다른 이름이다. 풍부한 은을 구하기 위해 포르투갈의 배는 명나라 명주실 등을 일본에 운반하는 중계무역을 급격히 활성화시켰 다. 한편 큐슈의 각 다이묘도 포르투갈 상인에 의한 배달무역을 대환 영했다.

밀무역이 공공연히 성행하는 것을 보고 명나라는 기본 방침인 '해금'海禁을 지키기 위해 밀무역을 철저히 탄압하기 시작했다. 1548년 에는 쌍서항이 완전히 파괴되어 왕직을 필두로 밀무역 상단은 거점을 고토, 히라도로 옮겼다.

그러나 당시의 주상품은 누가 뭐래도 장강 유역의 명주실이었기 때문에 밀무역 상인은 무장을 하고 중국 연해에서 무역을 강행할 수

밖에 없었다. 그것이 16세기 중엽의 '후기왜구'後期倭寇였다. '후기왜구'의 구성원 중 대부분은 밀무역을 하던 중국인과 그에 호응하는 연안 하층민이었다.

포르투갈인이 거점으로 삼았던 쌍서항이 파괴된 이듬해 예수회 선교사 프란시스코 자비에르가 일본에 무역거점을 건설, 포교를 위해 가고시마를 방문했다. 그 후 일본 전국에 대한 가톨릭 포교를 목표로 교토를 방문했으나 오닌의 난 직후로 포교활동은 할 수 없었다. 그러나 히라도, 야마구치, 오오이타 등에 포교 기반을 만드는 데에는 성공했다. 자비에르는 그 후 명나라 포교를 목표로 떠났다가 광동 근처 상천도上川島에서 숨을 거두었지만 큐슈에서는 무역 이익을 원하는 다이묘로 인해 가톨릭 신자들이 증가했다. 1582년 '덴쇼 소년사절단'이 로마로 파견된 무렵에는 신도 수가 무려 15만 명에 달했다고 한다.

포르투갈인의 일본에서의 교역은 1540년대부터 내항이 금지되는 1639년까지로 약 100년에 이른다. 그 시기에 포르투갈인은 유럽, 미국, 아프리카, 아시아의 여러 식품들을 큐슈에 들여왔다.

16세기 후기에는 멕시코에 체재하고 있던 스페인의 레가스피Miguel Lopez de Legazpi(1571년에 필리핀 제도를 정복하여 초대 필리핀 총독이 된 스페인의 정복자)가 태평양을 횡단해 필리핀 마닐라를 정복하고 멕시코의 아카풀코와 마닐라를 잇는 갈레온무역을 개시했다. 그리고 값싼 '신대륙'의 은으로 명나라 물건을 대량으로 사들였다. 복건에서 많은 중국 상인이 마닐라로 향하면서 은과 명주실, 도자기를 거래하게 되니 스페인인, 포르투갈인이 전한 방대한 양의 은으로 중국은 '은의 시대'가 도래하고 일본도 동아시아의 대무역권에 합류하게 되었다.

활발한 무역은 당연히 유럽 음식문화와의 교류로 이어졌다. 포르투갈인이 전해준 문화는 남만南蠻 문화, 요리는 남만요리라고 한다.

아다치 이와오의 《음식 전래사》에 따르면 포르투갈인이 일본에 전한 식재료, 요리는 신대륙이 원산지인 옥수수, 감자, 호박, 고추, 토마토 외에도 유럽의 식용 토끼, 동남아시아의 육두구가 있다. 또한 식품으로는 빵, 비스킷, 카스텔라, 볼로bolo 케이크, 콘페이토confeito 사탕, 카멜라Carmela, 덴푸라(튀김), 간모도키(두부채소튀김), 미즈타키(닭고기스프), 음료로는 와인, 아라키(소주) 등을 들 수 있다. 담배, 컵, 비드루vidro(유리공예)도 포르투갈어에서 유래한 것이다.

바다를 건넌
후추와 고추

자비에르의 후추팔이 대작전

'대항해시대'를 일으킨 식재료는 후추였다. 일본에도 상당한 양의 후추가 들어왔으나 처음으로 후추를 들여온 것은 류큐왕국의 교역선이었다.

15세기 후기는 오키나와의 대무역 시대였다. 호쿠잔, 츄잔, 난잔이라는 세 영토로 나뉘어 있던 오키나와 본섬은 15세기 초기에 츄잔왕국의 쇼하시 왕에 의해 통일되었다. 그런 지 얼마 되지 않았을 무렵, 개인상인의 대외무역을 금지하는 해금정책을 펴고 있던 명나라는 많은 복건상인을 이주시키며 무역선을 제공했다. 류큐왕국과는 감합부 없이 무역을 할 수 있게 해 조달이 어려웠던 후추 등의 동남아시아 물건을 사들이게 했다. 그것이 '오키나와의 대무역 시대'로 이어진다.

류큐왕국의 상선은 베트남, 말라카, 샴, 수마트라 섬, 자바 섬 등에 가서 후추, 향목, 설탕 등의 특산품을 명나라, 일본 등에 수출했다. 일본에 수출된 후추의 대부분은 하카타를 경유해 한반도에도 수출되었다.

일본에서는 물로 요리하는 생선, 채소 요리가 많았기 때문에 생강, 산초, 겨자와 같은 이미 사용하던 조미료로도 충분했으므로 후추는 주로 약으로 사용되는 것에 그쳤다. 이에 비해 유목민인 몽골 점령하의 한반도는 몽골인의 수요에 응하기 위해 소를 비롯한 가축 사육이 늘고 육식문화가 정착되었다. 이전의 불교사회가 일변한 것이다. 그로 인해 고기와 잘 어울리는 후추가 환영받았다. 재일한국인 한국요리연구가 정대성은 후추 수입의 증대가 조선왕조의 무역상 큰 부담이었다고 말한다(《조선의 먹거리》朝鮮の食べもの).

그러나 유럽에서의 후추는 '대항해시대'를 일으킨 계기가 된 대표적인 상품이다. 때문에 일본의 풍부한 은을 구하기 위해 포르투갈상인도 처음엔 후추를 수출하려 했다. 선교를 위해 일본을 찾은 자비에르도 그의 저서에서 교토 근교의 상업도시인 사카이에 포르투갈 상관商館을 지으면 대량의 후추를 팔 수 있을 것이라 판단했다고 한다. 그가 체재비를 마련하기 위해 지참했던 것도 대량의 후추였다고 한다.

일본요리에는 후추를 사용하지 않았으나 향신료로 일상에 쓰이는 일도 있었다. 일반적으로는 후추를 갈아서 '국'에 뿌려 '스이구치'(국에 띄워 향미를 내게 한 것)로 쓰는 방법이었다.

향기로운 유자와 후추는 스이구치와 쌍벽을 이뤘다고 한다. 또한 우동, 두부요리, 참마된장국에도 알싸한 후추가 적당한 자극제가 되었다. 개중에는 후춧가루를 뿌려 밥을 짓고 육수를 부어 먹는 후추밥까지 있었다고 한다. 후추는 17세기 후기에 에도 료고쿠의 야겐바리에 있는 향신료가게 도쿠우에몬이 한방약에서 힌트를 얻어 만든 고추에 깨, 진피, 양귀비, 유채씨, 마씨, 산초를 섞은 '일곱 가지 맛 고춧가루'가 인기를 얻으며 차츰 잊혀져갔다. 오래전부터 후추를 사용해왔던 동남아시아에서는 아메리카대륙 원산의 고추가 향신료로 쓰이기 시작하면서 후추를 밀어냈는데, 일본열도에서도 작은 규모였지만 같은 현상이 일어났다.

고추를 후추로 오인한 콜럼버스

가지와 사촌 격인 고추는 페루가 원산지로, 오래전부터 아메리카대륙에서 사용해 온 매운 향신료이다. 고추가 빨갛고 매운 것은 매운맛을 잘 못 느끼는 새에게 씨앗을 멀리까지 운반할 수 있게 하기 위해서라고 한다.

고추 중에서 단맛이 나는 것은 식탁을 화려하게 만드는 피망이나 파프리카 종류다. 파란 피망도 익으면 고추처럼 빨개진다. 피망은 겉껍질을 먹기 위해 개량되었기 때문에 속이 텅 비었지만 원종은 씨앗으로 꽉 차 있었다. 파프리카는 피망보다 껍질이 도톰하고 더욱 달며 초록, 빨강, 하양, 오렌지, 노랑, 자주, 검정이라는 일곱 색깔이 있다.

피망이라는 단어는 프랑스어로 고추 종류를 가리키는 피망[piment]에서 유래했다. 그러나 영어로는 sweet pepper 혹은 green pepper

로, 후추의 사촌쯤으로 여겨진다.

콜럼버스가 고추를 후추의 일종으로 오인하면서 피망, 파프리카를 포함해 모든 고추 종류는 후추의 친척으로 간주되었다. 참고로 파프리카는 헝가리어로 후추라는 뜻이다.

콜럼버스는 제1차 항해에서 황금의 나라 '지팡구'(일본)로 착각한 카리브 해의 히스파니올라 섬에서 '아히요'라고 부르는 고추를 보았는데, 아히요는 후추와 같은 종류이며 비싸다고 스페인 정부에 보고했다. 그 이후 유럽에서 고추는 후추의 친척이 되고 말았던 것이다. 《콜럼버스 항해일지》의 1493년 1월 15일 조항에는 "또한 그들의 후추인 '아히요'도 많이 있는데, 이것은 후추보다 훨씬 중요한 역할을 하며 이것 없이 밥을 먹는 사람은 하나도 없었다. 그들은 몸에 무척 좋은 것이라고 여기고 있는 것 같다. 연간 범선 50척 분량의 이것을 이 히스파니올라 섬에서 가져갈 수 있을 것이다."라고 기록하고 있다.

콜럼버스는 아히요가 후추보다 더욱 값진 향신료라고 확신했으나 유럽에서는 매운맛이 너무 강한 아히요는 후추처럼 유력한 상품이 되지 못했다. 지금도 스페인에서는 '아히요'가 고추의 속어로 쓰이고 있다. 또한 영어로 고추를 red pepper라고 부르는 것도 고추를 후추의 친척이라고 생각한 자취가 남아 있는 것이다.

그 후 고추는 포르투갈인에 의해 인도, 동남아시아, 중국에도 전해졌다. 향신료의 보고인 동남아시아에서는 강력한 매운 맛을 지닌 고추가 후추를 훨씬 뛰어넘는 유력한 향신료가 되었고, 향신료의 고장 동남아시아의 식탁을 제패했다. 고추의 강력한 매운맛이 기존에 있었던 향신료를 쫓아내버렸다. 지금도 고추가 없는 밥상은 존재할 수 없을 정도로 갖가지 음식에 침투했다. 중국 사천四川에서는 고추가 요리의 베이스로 자리 잡기도 했다.

고추는 1543년에 타네가시마 섬에 왔던 포르투갈인을 통해 일본에도 전해졌다. 그래서 '남만후추' 혹은 '번추'라고 불렸다. 남만인南蠻人(포르투갈인)이 전해준 후추라는 뜻이다. 아마 포르투갈인의 설명이 그러했을 것이다. 콜럼버스의 망령이다.

'당신자'唐辛子라는 단어는 일본을 통일한 도요토미 히데요시의 두 번에 걸친 한반도 출정(1592~1593, 1597~1598)에서 유래한다. 정보전달이 미약했던 시절의 이야기다. 고추를 처음 본 무사가 조선에서 고추를 가져와, 이미 일본에 있었다는 것을 모르고 그렇게 부른 것이 아닐까 추측된다(정대성《조선의 먹거리》). '고려 후추'라는 이름도 있었다고 한다.

고추는 기름을 쓰지 않고 담백한 맛을 즐기는 일본인에게는 그다지 매력적이지 않았다. 그러나 고추가 17세기에 일본에서 조선으로 건너가자 조선에서는 쌀, 보리에 누룩, 고추를 섞어 발효, 숙성시킨 조미료 '고추장'을 만들어 기본적인 조미료가 되었다. 김치라는 발효식품에도 고추는 빠질 수 없는 조미료로 쓰인다.

조선에서는 고추가 일본에서 건너왔을 당시 '왜고추' 혹은 '왜후추'라고 불렀다. 일본이 원산지인 줄 알았던 것이다.

고추와는 떼려야 뗄 수 없는 관계에 있는 것이 김치다. 일본에서는 배추김치가 유명하지만 한국 김치의 종류는 200가지가 넘는다고 한다. 최근에는 일본에서도 다양한 김치를 먹고 있다. 또한 알을 많이 낳는다 하여 '길어'𩸽로 여기는 스케토다라(한국어로 명태)의 알(타라코)에 고추를 섞어 만든 저장식품 '명란젓'도 17세기 말부터 만들어지기 시작해 19세기에는 전국으로 확산되었다. 유명한 하카타의 명란젓은 한국에서 돌아온 일본인이 제조법을 전한 것이다.

우리들이 만두를 먹을 때 사용하는 고추기름도 참기름에 매운 고추를 넣고 가열해 매운맛인 캡사이신을 추출한 것이다. 즉 고추의 매운맛을 이용한 조미료이다.

사치품이었던
설탕

설탕과자와 함께 침투한 달콤한 문화

포르투갈인과 네덜란드인이 일본의 음식문화에 공헌한 것 중 으뜸은 단연코 설탕의 '단맛'을 알린 것이다.

설탕의 원산지는 뉴기니아로, 인도상인이 인도에 가져와 보급시켰다. 알렉산더 대왕의 인도 원정 당시에는 이미 인도에서 일반화되어 있었다고 한다. 중국으로는 당나라 때 실크로드를 경유해 전해졌다.

일본에 설탕을 전한 것은 당나라 승려 감진鑑眞이다. 그의 진상품 목록에 설탕 2근 14냥이라고 기록되어 있다. 당나라의 1냥은 10몬메匁(일본의 무게단위)이고, 1근은 16냥이었으므로 460몬메(약1.7킬로그램)에 지나지 않는다. 물론 당시의 설탕은 약품으로 인식하고 있었다.

'대항해시대' 이후 포르투갈인이나 네덜란드인에 의해 값비싼 조미료로 설탕이 일본에도 들어왔다. 네덜란드인은 특히 설탕을 주요 수

입원으로 보고 자바 섬에서 재배한 설탕을 대량으로 일본에 들여왔다.

일본에서 처음으로 사탕수수가 재배된 것은 케이쵸 연간 (1596~1615)으로, 아마미오 섬의 스나오 가와치가 남중국해에서 표류할 때 사탕수수 모종과 재배법을 가지고 돌아온 것으로 알려져 있다. 아즈치 모모야마 시대에는 무사들 사이에서 호화 다과회가 성행했고, 점심으로 과자(차노코, 다과자)가 발달했다. 그중에서도 설탕과자는 귀중한 답례품으로 취급되었다.

일본에 사탕수수가 재배되고 보급된 것은 쇼군 요시무네가 1727년에 오키나와에서 사탕수수의 모종을 주문해 별장에서 재배한 이후였다. 일본의 설탕 생산에 큰 영향을 끼친 히라가 겐나이는 나가사키에서 배운 지식을 기반으로 1729년에 오사카의 설탕도매상에게 권유해 일본에서는 처음으로 순백의 설탕 '산본지로'를 만들게 했다. 그것은 세 번의 공정을 거쳐 결정을 곱게 만든 백설탕으로, 중국 복건성에서 나가사키에 전해준 것과 같았다. 설탕의 보급은 화과자를 다양화시켰고 일본의 음식문화로 정착하는 데에 지대한 공헌을 했다.

콘페이토를 처음 먹은 오다 노부나가

포르투갈인은 설탕이나 얼음설탕에 달걀, 밀가루를 넣은 당시로서는 상당히 사치스런 설탕과자를 일본에 전했다. 바로 남만과자이다.

남만과자에는 콘페이토, 아리헤이토, 카루메루, 카스텔라, 보로 등이 있었는데, 모두 무척 비싼 설탕을 사용한 과자였다.

포르투갈인이 일본에 가져온 콘페이토金平糖(별사탕)는 포르투갈어인 콘페이토confeito가 변해서 된 말이다. 한자 표기로는 '金平糖', '金餠糖', '金米糖', '渾平糖' 등이 있다. 1569년 4월에 루이스 프로이스가 니죠죠 성에서 오다 노부나가를 알현할 때 가져간 선물에는 벨벳 모자, 거울, 공작털 등과 함께 콘페이토가 든 유리병이 있었다고 하며, 그것이 콘페이토 전래의 시작이라고 한다. 그때부터 콘페이토는 고급 선물로 이용된 듯하다.

콘페이토가 맛있었기 때문인지는 모르겠지만 노부나가는 예수회에 무척 호의적이었다. 혹은 기독교를 이용해 불교세력의 쇠퇴를 꾀했던 것인지도 모른다. 로마 예수회 본부에서 순찰사로 파견된 신부 알레산드로 발리그나노는 본부에 보내는 보고서에 "타인들에게 상당히 엄격한 편인 오다 노부나가가 예수회에 대한 친애를 드러내는 태도는 이교도(일본인)들이 경탄해마지 않을 정도이며 그만큼 기독교 교도들의 기쁨도 더하였다. 노부나가는 어느 날 손수 매사냥에서 잡은 매를 보내주며 직접 잡은 것이지만 친애의 표시로 준다는 전언이 있었다." 고 기록하고 있다.

참고로 양귀비 씨앗이 들어간 콘페이토가 일본에서 처음 만들어진 것은 1680년대 나가사키에서였다. 이 시기에 콘페이토는 교토와 오사카에서 유행하면서 점차 에도에까지 전해지게 되었다. 이하라 사이카쿠의 《일본영대장》日本永代蔵(1688년 간행)에는 "나가사키에서 어떤 여자가 직접 만들었는데, 지금은 교토와 오사카에도 이 방법이 널리 퍼졌다 한다."고 기록되어 있다.

아리헤이토도 포르투갈어 알펠로아^{alféloa}에서 온 과자이름이다. 또
는 아루, 혹은 아루헤이로도 불렸다. 에도 시대 중기에 편찬된 백과사
전《화한삼재도회》에는 얼음설탕 1근에 물 4홉을 솥에서 고아 달걀흰
자를 넣어 엿처럼 굳힌 것이라고 한다. 백설탕을 고아서 백, 홍, 황, 연
두와 같은 색을 내어 여러 형태로 만든 아리헤이토는 에도 시대가 되
자 에도를 대표하는 설탕과자가 되었다. 가부키에서 얼굴을 붉게 칠하
는 화장을 '아루헤이구마'라고 하는 것은 아리헤이토에서 온 말이다.

카루메루^{浮名糖}(캐러멜)는 caramelo에서 온 말이다. 또한 카루메라,
카루메이라라고도 불렸다. 얼음설탕, 물, 달걀을 끓여 그것을 채에 걸
러낸 액체를 고아서 거품을 만든 상태에서 식힌 과자이다.

보로^{芳露}(에그볼)는 포르투갈어로 둥글다는 뜻인 bolo에서 유래한
다. 밀가루에 설탕, 달걀, 물을 섞어 작게 뭉쳐서 화덕에서 구워 만들
었다.

유명한 과자 카스텔라(다른 이름은 粕底羅, 加須底羅, 加寿天以羅)는 이베
리아반도 카스티야^{Castilla} 왕국을 지칭하는 포르투갈어 castella가 과
자 이름이 된 것이다. 이는 오래전부터 나가사키의 명물로 자리 잡고
있는데, 달걀과 설탕으로 거품을 내고 밀가루를 섞은 반죽을 화덕에
굽는 과자이다. 에도 시대에 들어서면서 카스텔라는 술안주가 되기도
하고 다과회에서도 즐기는 과자가 되었다.

빵과 비스킷의
전래

'빵'은 포르투갈어

16세기 중기 포르투갈상선과 함께 그들의 식량인 빵이 일본에도 전해졌다. 당시에는 '항'이라고 부르며 '파모'波牟라는 한자로 표기했다. 또한 증병蒸餠, 맥병麥餠이라고 쓰고, '항'이라고 읽었다. 메이지 시대 초기부터 가타가나 'パン'으로 표기하기 시작했다.

빵의 어원에 대해서는 포르투갈어 pão 혹은 스페인어 pan에 있다고 추정하고 있다. 일본에서 처음으로 간행된 도감형 백과사전인 《화한삼재도회》에는 "이를테면 만쥬, 즉 소가 없는 만쥬이다. 화란(네덜란드)인들이 하나씩 들고 먹는다. 그들은 '팡'이라 부른다. 여기에 함께 라칸(햄)과 같은 것을 곁들여 먹는다."고 기록되어 있다.

미리 발효시켜 놓은 밀가루 반죽에 소를 넣어서 찌는 만쥬라는 식품이 있었던 일본에서는 빵을 만쥬와 비슷한 것으로 이해했다. 만쥬는 밀가루로 만든 반죽을 찌는 것이고, 빵은 그것을 굽는 것이니 그다지 억지는 아닌 듯하다.

겐로쿠 연간(1688~1704)에 나가사키를 찾은 도사번土佐藩의 관리는 "빵이라고 하는 밀가루로 만든 떡에 소젖을 발라 먹는다."고 표현했다. 소젖이라 함은 버터를 일컫는 것으로, 나가사키에서는 버터를 바른 빵을 먹고 있었던 듯하다.

일본에서 처음으로 빵이 판매된 것은 1869년(메이지 2년)이다. 1874년(메이지 7년)에는 도쿄의 분에이도文英堂(현재 기무라야 본점)에서 팥 빵이 판매되었다. 생각해보면 팥빵은 재조합 식품의 대표 중 하나로 만쥬를 찌는 대신 구워서 빵으로 변형시킨 것이라고 봐야 한다. 청일 전쟁 후 군대에서도 말린 밥 대신 빨리 상하지 않고 부드러운 빵을 먹게 되었다.

뱃사람들의 저장식품이었던 비스킷

비스킷은 영어로는 biscuit, 포르투갈어로는 biscoito이다. 포르 투갈인이 처음 일본에 전한 비스킷은 '비스카우토'라고 불렸다. 비스 킷은 오랜 항해의 저장식품으로 귀중한 음식이었는데, 어떤 의미로는 '대항해시대'를 버텨낸 식품이라 할 수 있다.

비스킷의 어원은 라틴어인 비스콕투스Biscoctus(두 번 굽는 빵)에서 유 래하며 딱딱하게 건조시켜 오래두고 먹을 수 있는 빵이다. 참고로 19 세기 초기에 프랑스의 비스케이만Bay of Biscay에서 난파된 영국선 선원들이 만들었다는 설도 있는데, 저장식품으로 발달해 항해나 수도원, 군대 등에서 먹었다.

일본에는 1550년대에 남만과자의 하나로 히라도에 상륙해, 포르투갈어 이름으로 불리게 되었다. 그 후 케이쵸·겐나 연간(1596~1624)이 되자 루손 섬에서 나가사키로 수출되어 전국에 전해졌다. 본격적으로 제조하기 시작된 것은 1878년(메이지 원년)으로, 도쿄 쿄바시의 요네즈 후게츠도가 미국에서 비스킷제조기를 구입해 제조했다고 한다.

| 5 |

덴푸라와
간모도키

덴푸라 때문에 세상을 떠난 도쿠가와 이에야스

포르투갈 문명과 접하면서 유럽의 튀김문화가 일본에 이식되었다. 그 대표격이 덴푸라(튀김)다. 덴푸라의 어원은 tempero(조리), temporas(기독교에서 이 기간에는 육식이 금지되었다는 사순절), templo(교회) 등이라고 전해진다.

이 가운데 사순절에 기원한다는 설이 가장 설득력이 강하다. 기독교에서는 예수가 황야에서 단식, 수행을 했다는 사실에 근거해 부활절 전 40일 동안 육식을 금하는 풍습이 있었다. 참고로 육식을 끊기 전에 마음껏 고기를 먹는 축제가 카니발(사육제)이다. 포르투갈의 뱃사람들도 청어 같은 생선을 기름에 튀겨 먹었을 것이다. 어쩌면 육고기를 확보하기 힘들었을 테니 생선을 튀겨서 먹었을지도 모른다.

그래서 덴푸라에는 육고기를 쓰지 않는다. 간사이 지방에서는 생선살을 갈아서 튀긴 '어묵'도 덴푸라라고 불렀다. 원래 어묵도 덴푸라의 하나였던 것이다. 참고로 사츠마는 하카타 지방과 함께 명나라와의 밀무역의 중심이었으며, 예수회의 선교사 자비에르도 처음엔 가고시마 항을 찾았었다. 물론 많은 포르투갈선이 사츠마를 찾았다.

포르투갈인은 일본에서는 육고기를 재료로 확보할 수 없었으므로 생선류를 덴푸라 재료로 썼다. 당시는 밀가루는 쓰지 않았던 것 같고 기름에 생선을 바로 튀긴 것 같다. 시죠류^{四条流}와 나란히 조리계의 대표적 유파인 오오쿠사류^{大草流}의 요리서에는 도미, 기러기, 고니 같은 고기를 참기름, 혹은 돼지기름에 튀긴 것을 '남만야키'라고 한다.

중국요리의 영향을 받은 사찰요리에서는 참기름이 중요한 식재료였지만 튀길 수 있는 재료가 한정되어 있었다. 특히 냄새가 강한 마늘, 달래, 염교, 파, 부추 등을 통틀어 '오신'^{五辛}이라 하는데, 다른 말로 '훈채'^{葷菜}라고 해서 금지되어 있었다. 이에 비해 포르투갈인은 그런 제약이 없었다. 그래서 파를 사용하는 요리에 '남만'이라는 접사가 붙게 되었다. 가령 메밀요리인 오리남만에서 볼 수 있듯이 파를 재료로 쓰는 요리에 남만이라는 접사를 붙이는 것은 이러한 까닭이다. 간사이 지방에서는 파를 넣은 요리를 '텐푸라'라고 부르는 곳도 있다.

자리에서 물러나 슨푸에서 지내던 도쿠가와 이에야스가 교토에서 찾아온 무역상인 차야 시로지로에게 교토와 오사카에서 유행하고 있는 덴푸라라는 남만요리 이야기를 듣고 도미를 참기름에 튀겨서 부추를 갈아서 얹은 덴푸라를 먹고 위장에 탈이 나 사망했다는 유명한 이야기가 있다. 그러나 이에야스가 사망한 것은 덴푸라를 먹은 지 약 3개월 후의 일이었으며, 죽과 수제비를 조금 먹는 정도의 상태가 계속된 것으로 보아 덴푸라와 이에야스의 죽음을 직결시키는 것은 타당하지 않다. 단지 위암에 걸린 이에야스가 속이 거북해지는 덴푸라를 먹고 병세가 악화되었을 거라는 설이 더 유력하다.

참기름이 비쌌기 때문에 덴푸라는 좀처럼 서민들 요리가 될 수 없었으나 에도 시대에 값싼 유채기름이 나오자 덴푸라는 일본을 대표하는 '튀김' 요리로 떠올랐다.

원래는 이슬람의 과자였던 간모도키

오뎅탕의 재료로 알려진 간모도키(두부완자) 역시 포르투갈인이 일본에 가져온 음식이었다. 간모도키는 포르투갈의 과자에서 힌트를 얻은 식품으로, 처음엔 푸르투갈어로 '튀김'의 총칭으로 쓰이는 '필류스'filhós라는 이름으로 불렸다. 지금도 간사이나 큐슈에서는 '히류즈' 혹은 '히류코'라는 표기를 쓴다. 간모도키는 이전부터 선종사찰에서 먹었던 기름을 사용한 사찰요리를 포르투갈인의 발상을 이용해 변형시킨 식품이라 할 수 있다. 포르투갈인이 일본에 전한 필류스는 밀가루반죽으로 고기를 싸서 튀긴 식품으로, 원래는 이슬람세계에서 먹던 '바클라바'Baklava라는 과자였다고 한다. 이슬람교도는 7세기부터 8세기에 걸쳐 대 정복운동으로 아시아·아프리카·유럽이라는 세 개 대륙에 걸친 대제국을 세웠고, 포르투갈도 오랜 세월 이슬람교도의 지배하에 있었다. 그래서 바클라바가 포르투갈 요리로 '재조합'된 것이다. 그리고 아프리카 최남단을 넘어 아시아에 진출한 포르투갈인이 일본에 그것을 '필류스'로 전하기에 이른다.

필류스를 하이컬러 음식으로 받아들인 당시의 사람들은 필류스라는 튀긴 과자 형식에 전래의 선종 사찰요리를 재해석시켰다.

처음엔 손쉽게 구할 수 있는 밀개떡을 기름에 튀기거나, 혹은 곤약을 작게 잘라 소금으로 씻어 생긴 앙금으로 튀기기도 했다. 현재의 간모도키는 두부의 수분을 빼고 끈기가 생기도록 전분을 섞은 반죽에 잘게 썰어 기름에 볶은 우엉, 삼씨, 당근, 표고버섯, 은행 등을 섞은 후 튀긴 음식이다.

필류스를 간토 지방에서는 기러기나 닭 등의 고기를 통째로 넣어 간모도키라고 불렀는데, 그 재료가 두부로 바뀐 것이라고 한다.

간모도키는 식재료가 다양한 지역으로 전해지는 과정에서 각 지역에서 '재조합'되며 크게 변화하는 것을 관찰할 수 있는 훌륭한 식재료이다. 그것은 '대항해시대'의 흐름이 가져다준 식재료라 할 수 있다.

기름요리가 일본에서 발달하지 못한 이유는 무엇일까?

일본을 대표하는 요리라고 하면 덴푸라나 스시라고 할 수 있는데, 덴푸라는 유럽에서 전해진 신참 음식이다. 일본에서 기름을 사용하는 튀김요리의 역사는 무척 짧은데, 16세기 이후부터라고 할 수 있다. 가령 '기름'이 바탕이 되는 중국요리의 경우에는 크게 나누어 '차오'炒(단

시간에 재빨리 볶는다), '비엔'煸(오래 볶는다), '바오'爆(고온에서 볶는다), '짜'炸(튀긴다), '류'溜(걸쭉한 소스를 끼얹는다), '젠'煎(적은 기름으로 부친다), '티에'貼(한 면만 부친다)라는 7가지 조리법이 있다. 이에 비해 원래부터 일본요리에는 기름을 쓰는 요리가 매우 적었던 것이다.

일본요리가 '물'을 기본으로 하는 요리에서 '기름'을 쓰는 요리로 나아가지 못했던 배경에는 물이 풍부했다는 점과 고온을 견딜 수 있는 무쇠냄비가 없었던 점, 식용유가 너무 비쌌던 점 등을 들 수 있다. 그러나 유채기름의 보급이 상황을 순식간에 바꾸어놓았다. 이모작이 보급되자 후작물로 유채를 심기 시작했고, 종래의 참기름과 함께 유채기름이 대량으로 쓰이게 되었다.

그러나 그것만으로는 조건이 갖춰졌다고 할 수 없다. 유라시아대륙의 서쪽 끝 해양국가인 포르투갈 뱃사람들이 희망봉을 우회해 말라카해협을 경유해 일본열도에 다다른 고난에 찬 대항해가 덴푸라라고 하는 요리의 힌트를 준 것이다. 이 문화와의 접촉이 현재의 일본을 대표하는 요리를 만들어낸 계기가 되었다.

16세기는 많은 명나라상인이 일본열도를 찾아와 활발한 무역이 이루어졌고, 포르투갈인의 무역활동도 활발해졌다. 이로 인해 신대륙 작물인 고구마, 호박, 고추 나아가 중국의 두부, 우엉, 표고버섯 등을 기름에 볶아 조미한 켄친, 달걀국수, 남만과자 등이 전해져 일본의 음식문화는 커다란 변혁기를 맞이하게 되었다. 이러한 시기에 덴푸라도 일본의 요리에 합류하게 된 것이다. 처음 덴푸라로 튀긴 것은 밀개떡, 곤약, 두부라고 하니 지금의 이미지와는 상당히 다른 식품이었겠지만

에도 시대 초기가 되면서 생선도 튀겨 먹게 되어 본격적인 덴푸라가
모습을 드러내게 되었다.

오이와 호박을
먹었던 방법

일본인은 늙은 오이를 좋아한다?

일본의 식탁을 장식하는 대표적인 채소는 당근, 오이, 가지, 파, 무, 시금치 등이다. 그중에 파는 원산지가 중앙아시아라는 설이 있으나 중국 서부나 시베리아라는 설이 더 유력하다. 그러나 당근은 아프가니스탄, 오이는 인도의 히말라야, 가지는 인도의 남부 지방, 무는 코카서스 지방 혹은 지중해연안, 시금치는 이란고원이 원산지로 모두 중앙아시아의 실크로드를 통해 중국으로 들어와 일본으로 건너왔다는 공통점이 있다.

수분이 90% 이상인 오이는 인도 북부 히말라야 산악지대가 원산지인 채소이다. 오이에는 두 종류가 있는데, 하나는 실크로드의 오아시스를 통해 중국 북부에 전해졌고, 또 다른 하나는 미얀마를 통해 중국 남부에 전해졌다.

일본에는 미얀마를 통해 중국에 전해진 수분이 적은 오이가 헤이안 시대 중기에 전해졌다. 오이는 중국에서 전해졌기 때문에 '당오이', 울퉁불퉁하다 하여 '능稜오이', 늙으면 노란색이 된다고 하여 '황오이'라고도 불렸다는 설이 있다. 지금 일본에서는 '큐우리'라고 하지만 처음엔 황오이를 뜻하는 '키우리'라고 불렀다.

이에 비해 수분이 많은 오이는 한참 후인 에도 시대 말기에 전해졌다고 한다. 두 종류의 오이 중에 전자는 절임, 초절임 등에 잘 맞고, 후자는 껍질이 얇고 수분이 많아서 샐러드로 먹으면 좋다. 훗날 두 오이의 교배가 거듭되어 지금과 같은 다양한 오이가 탄생했고 샐러드, 절임, 볶음 등에도 쓰이게 되었다.

16세기에 일본에 온 예수회 선교사 루이스 프로이스의 저서《유럽문화와 일본문화》는 "우리는 과일은 익은 것을 먹지만 오이는 덜 익은 파란 오이를 먹는다. 일본인은 모든 과일을 익기 전에 먹지만 오이만큼은 노랗게 익은 늙은 오이를 먹는다."고 상당히 흥미로운 지적을 하고 있다. 루이스 프로이스는 싱싱한 것이 좋은 것이라고 여기고 있었기 때문에 일본인이 일부러 노랗게 늙은 오이를 먹는 것을 보고 놀란 것 같다. 루이스 프로이스는 유럽과 일본에서는 오이를 먹는 방법이 다르다고 생각했지만 실제로는 오이의 품종이 달랐던 것으로, 당시 일본인은 수분이 적은 황오이를 먹었던 것이다.

수분이 적은 오이가 맛이 있을 리 없었으니 에도 시대는 오이가 천대받던 시절이었다. 1704년에 간행된 유학자 카이바라 에키켄의《채보》菜譜는 "오이는 박 종류 중에서도 하품으로, 맛도 없고 약한 독성도 있다.”고 기록하고 있다.

　오이는 한자로는 ‘호과’해瓜라고 표기하는데, 한나라 무제 시기에 흉노와의 싸움을 유리하게 만들기 위해 서역에 파견했던 장건이 중국에 전한 것으로 알려져 있다. 그러나 실제 그 전래 시기는 명확하지 않다. 수분이 90% 이상이나 돼 식감이 좋은 실크로드에서 전래한 오이는 샐러드가 유행하게 된 전후 일본에서 최대 생산량을 자랑하는 채소가 되었다.

　교토와 오사카에서 오이는 《구약성서》에도 얼굴을 내밀 정도로 오래된 식재료이다. 오이에는 약효가 있으며 전갈의 독을 해독하는 효과가 있다고 여겨져 왔다.

　또한 고대 그리스에서 오이는 해열작용이 있다고 생각했다. 로마의 제정시대 초기 전기작가 가이우스 수에토니우스(AD 70년경 출생)의 《황제전》은 그가 트라야누스의 비서였을 때 열독한 풍부한 황제문서에 의거해 쓰였으나 초대황제 아우구스투스는 오이를 매우 좋아해서 수분을 보충하기 위해 자주 오이 즙을 마셨다고 기록하고 있다. 오이 즙을 음료수처럼 먹었다는 이야기다. 황제의 욕구에 응하기 위해 오이는 일 년 내내 재배되었다고 한다.

포르투갈인이 전한 호박

　한자로 ‘남과’南瓜라고 쓰는 호박은 중앙아메리카, 남아메리카가 원산지이며, 박과에 속하는 채소이다. 멜론이나 오이와는 사촌이다. 한자로는 막연히 남쪽에서 온 박이라고 쓰지만 껍질이 단단해 오래 저장할 수 있었으므로 항해용 식량으로도 훌륭했으며, 다양한 루트를 통해 지구를 일주했다.

호박이라고 해도 그 모양이 각양각색인데 둥근 모양, 옆으로 퍼진 둥근 모양, 길쭉한 모양 등이고 색도 다양하다. 큰 것은 직경이 1미터, 무게도 50~60킬로그램이나 나간다.

기원전 1200년 경 페루에서는 이미 호박을 재배하고 있었다. 그러나 호박은 옥수수, 감자, 고구마 등과 비교해 그다지 주목을 받지 못했고 '대항해시대' 이후 서서히 다양한 루트를 통해 세계로 퍼져나갔다.

호박은 식탁에서 눈에 띄지 않는 조연이며 주요한 식재료는 되지 못했다. 그리고 일본에서도 많은 이름이 있듯이 유럽에서도 pumpkin, squash, vegetable marrow 등으로 불렸기 때문에 전파 계보를 명확하게 알 수 없다.

호박은 16세기 멕시코에서 대서양을 건너 유럽으로 전해졌다. 그러나 적당한 요리법 개발이 어려워 식재료로는 그다지 주목을 받지 못했다. 아프리카 최남단 희망봉을 우회하는 항로를 통해 호박을 아시아에 전한 것은 포르투갈인이다.

포르투갈의 왕조는 철저한 상인왕조였다. 1498년 바스코 다 가마가 희망봉을 넘어 인도의 캘리컷에 도착해 인도항로가 개척되자 1510년에는 고아에 거점을 두고 이듬해에는 동남아시아의 대교역센터, 말라카를 공략했다. 같은 해에 향신료를 생산하는 인도네시아 섬들을,

나아가 태국의 아유타야를 거쳐 1517년에는 명나라 광주廣州에 도착해 교역을 신청했다.

명나라 때 쓰인 《본초강목》本草綱目(1596년 간행)에 호박에 대한 기술이 있는 것으로 보아 16세기에는 해금정책(민간상인의 해외무역 금지책)을 펼치고 있던 명나라에도 호박이 전해졌다는 사실을 알 수 있다.

일본에서는 "동지에 호박을 먹으면 중풍에 걸리지 않는다."라든지 "감기에 걸리지 않는다."와 같이 민간에서 전해지고 있는 것처럼 친숙한 작물로 '가보차'라는 이름이 일반적이다.

가보차라는 이름은 1548년 분고(오이타현)에 표착한 포르투갈선이 무역 허가를 얻기 위해 오오모토 소린에게 샴(태국)의 동쪽 캄보디아에서 재배한 작물로 호박을 진상한 데서 유래한다. 캄보디아가 변해서 '가보차'가 된 것이다.

당시 히라도, 사츠마와 함께 분고는 대외무역의 중심이었다. 일본에 가톨릭을 전파한 프란시스코 자비에르도 분고 항에서 출국했다. 동남아시아 무역센터, 말라카를 정복한 포르투갈인은 동남아시아, 동아시아에 무역의 네트워크를 펼쳤는데, 그 네트워크에 함께 한 샴, 캄보디아에서는 이미 호박 재배가 이루어지고 있었다. 일본에 전래되었을 당시 호박은 독이 있다는 미신이 있어 당나라 사람들이나 포르투갈인 상대로만 조리되었다. 호박은 생김새가 보우부라라는 찻주전자처럼 둥글넓적해서 큐슈에서는 보우부라, 간토에서는 당나라에서 온 가지라는 의미로 당가지라고 불렸다. 식탁의 단골손님이 된 것은 에도시대 중기가 넘어서였다.

| 7 |

'오란다'라는
이름이 붙는 식품

길고 가늘게 일본과 교류해온 네덜란드

16세기 스페인령이었던 네덜란드(현재의 네덜란드, 벨기에)에는 1만 명의 스페인군이 체류하며 가산세(스페인 국세의 약 4할)를 매기고 상공업자의 대부분을 차지하는 칼뱅주의 신교도가 탄압을 받았다. 6년 동안 8,000명이 처형당했고, 10만 명이 외국으로 도망쳤으며, 결국 독립전쟁(1568~1609)이 일어났다.

가톨릭 신자가 많은 남부 10개 주(현재의 벨기에)는 전쟁에서 빠졌다. 1581년 북부 7개 주가 네덜란드 연방공화국으로 독립했다. 7개 주 가운데 홀란드^{Holland} 주가 인구·조세의 2분의 1을 점하고 있었기 때문에 '오란다'(네덜란드)라고 불렸다. 즉 오란다는 네덜란드를 칭하는 일본어로, 포르투갈어 Holanda에서 왔다.

독립 후 네덜란드인은 청어 어업과 함께 성장한 조선업으로 해운

대국이 되었고, 아시아·유럽을 잇는 해상무역에서 활약했다. 타국의 절반 가격으로 상품을 운반해서 '세계의 운반인'으로 불렸다. 네덜란드인은 1602년에 합동인도회사(자본금은 영국 동인도회사의 10배)를 설립하고 희망봉에서 그대로 동남아시아로 직행해 포르투갈 세력으로 바꿔어 향료의 특산지 몰루카제도와 은산지인 일본으로 진출했다.

1619년에는 자바 섬 바타비아(자카르타)를 아시아무역의 거점으로 삼고 나가사키현 데지마의 네덜란드상관에서 대일무역을 독점했다. 에도 막부 초기인 1660년 무렵이 네덜란드의 아시아무역의 절정기로 여겨진다. 그러나 네덜란드인이 일본에서 거주하고 무역할 수 있는 곳은 나가사키의 데지마에 한정되어 있었고, 출입하는 선박의 숫자도 정해져 있었다. 그래서 네덜란드인이 일본의 음식문화에 끼친 영향은 여전히 제한적이었다.

오란다 물건이란?

네덜란드인이 일본에 전한 문화는 홍모紅毛문화라고 총칭한다. 네덜란드어에서 유래한 음식으로는 커피, 맥주, 브랜디, 타루타(타르트), 스프, 메루키(우유), 보토루(버터) 등을 들 수 있다.

에도 시대는 도보여행 시대였으며, 나가사키의 데지마에 출입하는 수수께끼에 싸인 네덜란드인의 생활은 진기한 모습으로 비쳤을 것이다. 게다가 데지마에 격리되어 있던 네덜란드인, 네덜란드 '음식'과의 접촉은 지극히 제한적이었다. 그래서 기름, 파, 네덜란드겨자를 사용한 요리나 설명이 어려워 식품에는 자의적으로 네덜란드의 또 다른 이름인 '오란다'라는 이름이 따라 붙게 되었다.

그런 이유로 네덜란드의 '음식'은 이미지 속에 머물러 있었다. 도미를 통째로 기름에 튀겨 술로 푹 삶아낸 '오란다 조림'을 비롯해 '오란다 달걀', '오란다 절임', '오란다 구이'와 같은 것이다.

오란다 딸기는 영국산

품종을 개량한 딸기를 일본에서는 '오란다 딸기'라고 불렀는데, 이는 네덜란드인이 유럽에서 일본에 전했기 때문이다. 원칙대로라면 품종이 개량된 영국 이름을 따서 '영국 딸기'라고 불러야 하지만 막부 말기인 1850년에 네덜란드인이 딸기를 일본에 들여온 것이 이 이름의 유래가 되었다. 오란다 미츠바(셀러리), 오란다 세리(파슬리), 오란다 나(양배추), 오란다 키지카쿠시(아스파라거스) 등도 마찬가지다.

종자가 아니라 모종으로 재배하는 딸기는 배로 운반하는 도중 싹이 말라버리기 일쑤여서 좀처럼 일본에 정착하지 못했다. 지금은 일본에서도 흔히 먹을 수 있는 딸기가 정착하기는 무척 힘들었던 것이다. 일본에 딸기 모종이 도입된 것은 청일전쟁이 시작된 1894년으로 전해진다.

1899년이 되자 당시 '나이토신주쿠'라고 불리던 신주쿠의 숙박시설에서 기술자로 유럽의 종묘 도입과 육성에 종사하던 농학자 후쿠바하야토가 7센티나 되는 크고 맛도 좋은 신품종 딸기를 키우는 데 성공해 '후쿠바 딸기'라는 이름으로 세상에 나왔다. 이 딸기는 당시 딸기의 왕이라 불렸다. 그는 신주쿠시험장이 궁내성 관할이 되자 프랑스인의 조언을 듣고 현재의 신주쿠 교엔으로 개조한 인물이기도 하다.

일본에서 최초로 본격적인 딸기 재배를 시작한 것은 온난한 기후의 시즈오카현으로, 1907년 무렵이었다. 딸기 재배 중에 돌담 사이에 심은 딸기가 빨리 익는다는 사실을 알게 되어 쿠노산에서 돌담 딸기 재배가 시작되었다. 돌담이 태양열을 흡수하기 때문에 성장이 빨랐던 것이다.

제5장

에도 시대에 만들어진
음식문화

일본요리의 완성과 에도,
오사카

해운으로 일본열도는 하나가 되었다

산이 많고 지형이 복잡해 작은 소문화권으로 나뉘어 있던 일본열도를 하나로 이은 것은 해운이었다. 히가키 운송선, 타루 운송선, 기타마에 연락선이 일본을 하나로 연결한 것이다. 에도 시대는 바닷길을 중심으로 일본열도 각지의 일상생활이 하나가 된 시대였다. 물론 지역에 따라 '일본화'의 진전 상황은 달랐다. 전국에서 사람, 물건, 돈, 정보가 집중되어 있는 에도와 오사카가 그러한 '일본화'의 두 중심이 되었다. 에도 시대는 에도와 교토·오사카, 간토와 간사이를 중심으로 일식이 완성된 시대라 할 수 있다.

유럽에서는 17세기 중기 종교전쟁의 결과로 신성로마제국이 쇠퇴하면서 주권국가체제가 성립했고, 18세기 말 프랑스혁명을 계기로 국민국가체제로 이행했다. 그러나 같은 시기 일본에서는 주로 경제적인 일원화가 진행되어 메이지유신 이후 국민국가 형성의 기반이 마련되고 있었다. 에도 시대 음식문화의 변화는 그러한 흐름을 가르쳐준다.

에도 시대 대규모 사회변화의 계기가 된 것은 참근교대参勤交代 제도 때문이다. 이는 각 번藩의 다이묘(영주)를 정기적으로 에도를 오고 가게 함으로써 각 번에 재정적 부담을 가하고, 볼모를 잡아두기 위한 에도 막부의 제도이다. 이로 인해 전국 번과 연결된 신흥 대도시, 즉 에도가 출현하였다. 다이묘가 에도에 처와 자녀를 인질로 보내놓고 1년씩 에도와 자신의 영지를 번갈아가며 통치하는 참근교대 제도는 뜻밖에 최대소비도시 에도를 만들어냈으며, 지방의 차남, 삼남들이 모이게 되면서 서민 도시의 성장을 이룩했다.

또한 참근교대는 도쿄에서 교토까지 이르는 도로인 도카이도 등 일본열도의 도로망을 발달시켜 전국 각지의 문화가 에도로 몰리게 되었고, 또한 에도의 문화를 전국 각지로 확산시키는 역할을 했다. 18세기가 되자 에도江戸(도쿄의 옛 이름)의 인구는 100만 명까지 이르며 세계적인 대도시의 대열에 동참하게 되었다.

그러나 오랜 세월 일본사회는 문화의 중심 교토와 경제의 중심 오사카를 축으로 움직여왔다. 때문에 음식문화의 중심은 간사이였다. 그래서 간사이의 상품이 '구다리모노'(교토나 오사카에서 생산되어 지방으로 보내는 물건)로 에도로 들어와 비싸게 팔렸다. 에도라는 거대한 시장을 발견한 상인이 그냥 지나칠 리가 없었고, 많은 상인이 '구다리모노' 장사를 시작했다. 그 결과 경제작물과 상품생산이 활발히 이루어지게 되었다. 물건을 대량으로 운반하기 위해서는 강과 바닷길이 필요했다.

그래서 에도 시대에는 오사카와 에도를 잇는 탄탄한 해운망이 조직되었다. 히가키 운송선과 타루 운송선이었다.

교토와 오사카에서 옷감, 화장품, 도자기, 칠기, 종이 등을 운반하는 정기선은 히가키 운송선이었고, 술, 간장, 식초, 기름, 가츠오부시, 건어물 등을 운반하는 정기선은 타루 운송선이었다. 에도 사람들에게 도움이 되는 물건이나, 사치스러운 비싼 물건들은 모두 교토와 오사카에서 배로 가져온 물건들이었다. 일본어의 하찮다는 뜻인 '구다라나이'는 구다리모노가 없다는 말에서 비롯되었다.

간사이와 간토를 잇는 탄탄한 바닷길을 연결한 것이 세토나이 해에서 호쿠리쿠 지방(일본 동해에 위치한 4개 현)을 경유해 에조치(홋카이도) 사이에 있는 항구에서 무역을 하면서 잇는 기타마에 연락선이었다. 이로 인해 호쿠리쿠와 에조치의 물자가 대무역 루트를 타게 된다. 그 과정에 에도에서 탄생한 서민요리와 간사이의 요릿집 요리가 서로 교류하게 되었고, 일식의 형태가 자리를 잡아가게 되었다.

에도를 취하게 한 '쿠다리 사케'

에도 시대 초기 에도의 술은 탁주였다. 그러나 겐로쿠 시대 전에는 이타미(효고현), 이케다(오사카), 무코가와 강 하구에서 이쿠타가와 강 하구에 이르는 오사카만 연안의 나다고고(고베)에서 모로하쿠(맑은 청주)의 제조가 시작되었고, 타루 연락선(술을 운반하던 오사카, 니시미야의 연락선 도매상이 이용하던 상선)으로 거대시장인 에도에 보냈다. 그것을 '쿠다리 사케'라고 한다. '쿠다리 사케'는 험한 바닷길을 항해하는 동안 감칠맛이 더해져 에도에서 큰 인기를 얻었다.

매년 새로운 술이 만들어지면 서둘러 타루 연락선으로 에도의 시나가와로 향했다. 술통이 배에서 흔들리면서 나무술통의 향기가 술에 배면서 향기가 좋아졌고 맛도 부드러워졌다며 좋은 평판을 얻은 것이다.

19세기의 타루 연락선은 1,800석을 실을 수 있는 배의 경우 약 72리터의 술통을 2,800개 이상 선적할 수 있었다. 엄청난 양의 술이 태평양의 거친 파도를 넘어 에도로 실려간 것이다. 때로는 한 해에 90만 통이 소비된 해도 있었다고 한다.

술은 8할 이상이 물이다. 때문에 물이 좋고 나쁜지가 무척 중요하다. 그런데 텐포 연간(1830~1844)에 발견된 '미야미즈'(니시노미야의 우물에서 길어 올린 철분, 암모니아 성분이 적은 1급수)를 이용해 '키잇폰'生一本으로 알려진 효고현 나다灘의 술이 유명해졌다.

술을 빚을 때는 내부의 온도를 일정하게 유지해야 하는 것이 중요했다. 때문에 창문이 적고 흙담으로 지은 '쿠라'가 이용되었다. 나다의 양조장은 잡균의 번식이 주춤한 겨울철에 담그는 '겨울양조'로 좋은 술을 생산하는 데 성공했다. 이는 겨울이 되어 농한기에 접어든 농민들의 노동력도 이용할 수 있어서 일석이조였다. 이것이 '토지'杜氏라고 하는 양조집단이다.

그들은 11월부터 3월까지 약 100일 동안만 일을 할 수 있었기 때문에 '백일벌이'라고도 불렸다. 나다의 술을 지킨 것은 탄바의 '토지'

의 힘이었다. 그들은 차츰 전문적인 기능집단이 되었고 일본청주의 양조기술 발달에 크게 공헌하게 되었다.

술이 대중화되자 호리병 모양을 따서 만든 도자기 '도쿠리'가 다양한 용도로 쓰이게 되었다.

'도쿠리'에는 술통 대신 쓰이는 '다이도쿠리', 양조장이 술을 배달할 때 쓰는 '가요이도쿠리', 실제로 술을 마실 때 쓰는 '간도쿠리'가 있었다. 양조장이 상표나 가게 이름을 써서 고객에게 대여한 도쿠리는 시쳇말로 '빈보(가난뱅이) 도쿠리'라고 불렸다.

그러나 현재처럼 '간도쿠리'로 직접 술을 데우게 된 것은 에도 시대 말기 이후였다. 그 전까지만 해도 '간나베'라고 하는, 솥이나 긴 손잡이가 달린 주전자로 데워서 그것을 '간도쿠리'에 옮겨 담았다.

'쿠다리 간장'을 내쫓고 간토의 맛이 자립하다

신흥도시 에도는 초기에는 간장 공급의 대부분을 교토와 오사카에 의존했으며, 당시만 해도 간장은 서민의 손이 닿을 수 없는 사치품이었다. 간장의 대표적인 산지는 기슈의 유아사, 반슈의 다츠노, 비젠의 코지마, 산슈의 쇼도지마, 셋슈의 나다, 오츠미의 히노였다. 때문에 에도에서 사용하는 간장의 7할에서 8할이 타루 연락선으로 운반되는 '쿠다리 간장'이었다. 에도 주변에서 만들어진 '간장'은 일단 품질이 낮은 것으로 보았다.

그러나 어선이 모이는 쵸시 항(지바현)의 서민들에게 기슈의 유아사 간장을 만드는 제조법이 전해졌고, 이윽고 에도로의 운송이 편리한 쵸시와 노다 같은 도네가와 강 유역에서 간토 사람들의 입맛에 맞는 진한 간장을 생산하기 시작했다.

1640년에 에도가와 운하가 뚫리자 노다에서 니혼바시 강 기슭까지 배로 하루면 갈 수 있게 되었고, 한 척의 너벅선이 1,000통의 간장을 에도로 실어 나를 수 있게 되었다. 에도 토박이들의 입맛에 맞는 대량의 간장이 저렴하게 공급되기 시작한 것이다. 에도의 맛이라 할 수 있는 메밀, 덴푸라, 장어구이, 초밥, 전골과 같은 음식은 실제로 간장이 내는 맛이었다. 쵸시와 노다가 에도의 '맛'을 만들었다고 할 수 있다.

겐로쿠 시대에서 교호 연간(1688~1736)에 시모우사(지바현)의 쵸시와 노다의 간장이 '쿠다리 간장'을 몰아냈다. 1821년이 되자 에도에서 소비되는 125만 통의 간장 가운데 '쿠다리 간장'은 2만 통에 불과했다. 에도 막부 말기에는 100통으로까지 감소했다고 한다.

연한 간장과 다시마육수의 옅은 맛을 좋아하는 간사이요리에 비해 진한 간장을 베이스로 만든 에도의 요리가 확립되었다. 진한 간장은 다랑어육수와 결합해 메밀국수의 육수, 장어소스, 회 간장 등으로 에도의 '음식'에는 빠질 수 없는 조미료가 되었다.

된장 취향도 마찬가지로 교토와 오사카의 콩과 쌀로 만든 달짝지근한 백된장에 비해 에도에서는 콩과 보리로 만든 적된장을 좋아했다. 오래전부터 전통의 맛을 계승해온 간사이에 비해 신흥도시인 에도의 맛이 확립된 것이다.

부유해진 상인들과 가이세키 요리, 마쿠노우치 도시락

하이카이와 결합한 가이세키 요리

에도 시대가 되자 부를 축적한 상인의 사회적 지위가 높아졌다. 그러한 상인들의 취미로 유행한 것이 삶의 희로애락을 노래하는 하이카이俳諧(단시의 형태로 웃음과 해학의 요소가 포함되어 있다)와 하이쿠俳句(5·7·5의 3구 17자로 구성되는 일본 고유의 단시)였다. 가이세키会席라는 것은 원래 하이카이를 선보이는 자리를 의미하며, 하이카이와 함께 성장했다.

1629년 겨울, 마츠나가 테이토쿠의 문하생 야마모토 사이무가 교토의 묘만지妙満寺에서 백운·홍·행百韻興行(5·7·5의 장구와 7·7의 단구를 번갈아 늘어놓아 총 100구를 만드는 행사)을 개최한 것이 가이세키의 기원이라고 전해진다. 처음엔 약간의 술이 나오는 정도였으나 하이카이가 하이쿠가 되면서 서민화하자 예술에서 취미의 성격을 띠게 되었고, 연회도 술과 요리를 먹는 사교의 장으로 바뀌었다.

가이세키 요리

술과 요리를 함께 먹는 요리점이 성행하자 찻자리茶席와 함께 하이쿠 모임도 요정에서 열리게 되었고, 에도 시대 중기 이후가 되면서 찻자리樂石와 하이쿠 모임会席을 합쳐 '가이세키'라고 부르게 되었다. 이후 가이세키 요리는 점차 요릿집에서 내는 고급요리를 부르는 이름으로 변해갔다.

요리점이 성행하자 찻자리茶席와 함께 하이쿠 모임도 요정에서 열리게 되었고, 에도 시대 중기 이후가 되면서 찻자리懷石와 하이쿠 모임會席을 합쳐 '가이세키'라고 부르게 되었다. 이후 가이세키 요리는 점차 요릿집에서 내는 고급요리를 부르는 이름으로 변해갔다.

에도 시대 후기의 에도·교토·오사카의 풍속을 소개한 백과사전 《수정만고》守貞謾稿에는 다음과 같이 기록되어 있다.

"텐포(1830~1844) 이후 가이세키 요리會席料理라는 것이 세상에 알려졌다. 가이세키는 차를 마시는 손님에게 제공하는 식사를 가리키는 말이었다. 술안주로 생선과 어묵을 곁들여 접시에 담은 요리인 쿠치도리자카나 등을 사람 수에 맞게 내고, 여유분을 내지 않는다. 그 외의 안주도 이에 준한다. 전년도에 많이 먹었던 것은 더욱 여유분을 내지 않도록 하고, 배부르게 먹지 않도록 한다. 그러나 조리는 더욱더 정성을 들인다."

가부키 구경과 마쿠노우치 도시락

에도 시대 서민들의 최대 오락은 가부키歌舞伎 관람이었다. 에도 시대 중기, 극단에 마련된 식당이 관객에게 제공하는 호화스런 도시락이 마쿠노우치 도시락이다. 마쿠노우치라는 이름은 무대의 막에서 유래했고, 원래는 배우가 극단 안에 있는 식당에서 주문해 대기실에서 먹던 간단한 도시락이었다. 그러나 당시의 가부치는 아침 일찍 막이 오르면 해가 저물어야 끝나는 긴 연극이었다. 당연히 관람 도중에 관객들은 배가 고파졌다. 그래서 극단 식당을 이용해 음식을 주문하는 관객이 생겼다. 그러나 호화스런 음식인 데다 비쌌기 때문에 좀처럼 쉽게 사먹을 수 있는 것이 아니었다. 그러던 중 니혼바시 요시쵸의 '만큐'万久가 관객을 위해 1인분에 100몬이라는 가격으로 호화로운 도시락을 판매하기 시작하자 판자를 깔아 높이 만든 관람석에서도 간단히 먹을 수 있는 마쿠노우치 도시락이 인기를 끌게 되었다. 먹기 편하게 주먹밥처럼 나누어 놓은 밥, 계란말이, 어묵, 구운두부조림, 토란, 곤약이 주요 반찬이 되었다.

마쿠노우치 도시락은 이윽고 소풍에도 이용되기 시작해 꽃놀이 도시락, 소풍 도시락으로 이용하는 경우가 많아졌다. 도시락 전문점이 생겨났고, 도시락 형태도 이중, 삼중으로 된 찬합을 쓰게 된다.

참고로 도시락의 기원은 헤이안 시대다. 궁정이나 귀족의 저택에서 열리는 연회에서 일하는 사람들에게 주었던 주먹밥으로, '무스비' 혹은 '돈지키'라고 불렸다. 무사들의 시대가 되자 "당장의 허기를 때운다"는 뜻의 '벤토', "부엌을 지니고 다닌다"는 뜻의 '코츄'라는 주먹밥에 절임채소를 곁들인 간단한 도시락이었다. 마쿠노우치 도시락이 출현하기 전의 도시락은 무척 간소한 것이었다. '마쿠노우치 도시락'은 잔칫날의 휴대음식으로 새로운 문화를 만들어냈다. 역에서 파는 도시락인 '에키벤', 공항에서 파는 '구벤' 같은 현재의 도시락은 식품의 구성으로만 봐도 에도 시대의 '마쿠노우치 도시락'이 바탕이 되어 양식화된 것이다.

에도 서민의
패스트푸드

과자점의 메밀국수에서 포장마차 메밀국수로

에도 시대의 '음식'으로 빼놓을 수 없는 것은 서민의 패스트푸드가 큰 성장을 이룩한 것이다. 소바(메밀국수), 우나기(장어구이), 스시(초밥), 오뎅(어묵), 덴푸라(튀김) 등 현재의 '음식'과 연결되는 요리들을 포장마차에서 손쉽게 먹을 수 있게 된 것이다. 이러한 패스트푸드가 에도에서 성장한 이유는 홀로 부임한 남자들이 많았고, 이른 아침부터 저녁 늦게까지 일하는 사람이 많았던 때문이라 할 수 있다.

현재 먹고 있는 메밀국수는 예전에는 '소바키리'라고 불렸는데, 기원에 대해서는 여러 설이 있다. 《희유소람》囃遊笑覽에서는 메밀국수의 기원이 덴쇼 연간(1573~1592)이라 하며, "소바키리는 고슈(야마나시현 북부)에서 시작되었다. 쌀과 보리 같은 곡물이 귀하여 메밀을 반죽해 팔았던 것을 그 후 우동을 배워 지금의 소바키리가 되었다고 신슈 사람들이 말한다."라고 쓰여있다.

에도에 '소바키리'가 들어온 것은 1664년이었다. 새로운 것을 좋아하는 과자점 사람이 '무시소바'를 만들어 보았더니 상당히 그럴싸했고, 에도 토박이들 사이에서도 좋은 반응이 있었다. 그러나 아무래도 과자점 앞에서 메밀국수를 먹고 있는 모습은 보기 흉하다고 생각했다.

그래서 18세기 초 간다 부근에 '2·8 즉석 켄돈'이라는 간판을 건 포장마차가 생겼다. '2·8'이라는 건 메밀가루 8할, 밀가루 2할로 반죽했다는 의미였다. 가격이 16몬이라서 2·8이라고 붙였다는 설도 있다. 참고로 텐포 연간(1830~1844)에 다이묘 미즈노 다다쿠니가 단속법령을 내려 메밀국수 가격을 15몬으로 인하하자 '3·5메밀국수'라는 간판을 내걸어 웃음을 산 메밀국수가게도 있었다.

메밀은 척박한 토양에서 자란 것이 더욱 향기가 강했다. 메밀국수 가게에 '덤불'이라든지 '모래밭'이라는 이름이 많은 것은 척박한 토양에서 키운 향긋하고 맛좋은 메밀가루로 만들었다는 의미다.

에도 시대 중기 메이와 연간(1764~1772)이 되자 국물을 부어 먹는 '붓카케' 메밀국수가 에도사람들 사이에서 유행하게 된다. 여기에 '카야쿠모노'라고 총칭되는 붓카케 위에 다양한 고명을 얹어 먹는 메밀국수도 유행했다. 싯포쿠(1748~1751 무렵), 하나마키(1772~1781 무렵), 가모남만(1804~1818 무렵), 텐푸라소바(1818~1830 무렵), 오카메(에도 막부 말기) 등 현재 메밀국수가게의 메뉴에 있는 이름들이 출현했다.

참고로 해넘이메밀국수는 에도 시대 중기 상점가에서 시작된 풍속으로 가늘고 길게 늘어나는 국수처럼 장수의 소원을 담은 것이었다. 해넘이 국수뿐 아니라 에도 시대에는 인생의 굵직한 절기마다 메밀국수를 먹었다.

인기를 독차지한 장어구이

장어는 조몬 시대에도 이미 먹고 있었는데, 《만엽집》萬葉集에도 '무나기'라는 이름으로 등장한다. 그것이 변하여 '우나기'(장어)가 되었다고 한다. 서민들이 장어를 구워서 먹게 된 것은 무로마치 시대 말기다.

'카바야키'라는 장어구이 이름은 원래는 장어를 통째로 꼬치에 끼워 구운 것이 물가에서 자라는 부들(카바)의 이삭을 닮았다고 해서 '카바야키', 혹은 자작나무(카바) 빛깔과 닮아서라고도 하고 냄새가 좋아서 향기 향자를 써서 '코하야키'라 부르던 것이 변해서 '카바야키'가 되었다는 등 여러 설이 있다.

장어 배를 갈라 뼈와 내장을 발라낸 후 된장이나 간장을 발라 굽게 된 지금도 오래전 이름이 그대로 남았다. 장어는 껍질이 질기고 지방이 많다는 결점이 있는 식재료다. 그래서 육질을 연하게 만들기 위해 한 번 쪄서 지방을 뺀 다음 꼬치에 꿰어 굽고 또다시 쪄서 소스를 발라 세 번 굽는 간토식 카바야키가 고안되었다. 간사이식 카바야키는 배를 갈라 머리가 붙은 채로 구운 다음 소스를 발라 굽는 데 비해, 꼬치에 꿰어 찌고 소스를 바르고 난 뒤 한 번 더 구워내는 방식은 간토식 카바야키의 비법이다.

에도마에라는 것은 에도성江戶城 앞이라는 뜻으로, 원래는 니혼바시나 쿄바시 근처를 일컬었다. 그러나 이윽고 가나스키, 혼시바, 시나가와에 있는 어장을 일컫는 말이 되었다. 당시에는 어업이 발달되지 못한 탓에 어획량이 충분하지 않았다. 때문에 강에서 안정적으로 잡을 수 있는 장어가 에도마에 요리의 최고 재료였다. '에도마에'가 장어를 의미하는 시대가 먼저 있었던 것이다.

겐로쿠 시대가 되자 에도의 후쿠가와 하치만 근처에 몇 군데 카바야키 가게가 출현했다. 이에 질세라 우에노 연못 근처 가게들도 선전에 열을 올렸고, 이는 에도의 식도락가들을 기쁘게 했다. '도요노우시노히'(한국의 복날과 같은 의미) 날에는 장어를 먹으라고 선전하며 이를 정착시킨 것은 지질학자이자 의사인 히라가 겐나이라고 한다.

그는 자신의 저서에서 장어에 대해 설명하면서 도요노우시오히 날에 장어를 먹으면 몸에 좋다고 기록했다. 그것이 엄청난 선전효과를 불러일으켜 갑자기 장어가 불티나게 팔리게 되었다고 한다. 참고로 오랫동안 장어가게에서는 밥을 함께 내지 않았기 때문에 손님은 집에서 밥을 싸가지고 가서 카바야키를 먹었다고 한다.

이윽고 가세이化政 문화기(1804~1810, 文化와 文政의 줄임말로, 에도를 중심으로 발전한 문화의 전성기)가 되자 장어를 넣은 '우나기메시'가 만들어졌고, 이후 '우나돈'(장어덮밥)이라고 불리게 되어 포장마차에서도 손쉽게 먹을 수 있게 되었다. 이때는 초밥 포장마차가 성행하던 시기이기도 하다. 포장마차에서 나무젓가락이 사용되기 시작한 것도 이 시기라고 전해진다.

생선초밥과 싸구려 참다랑어

일본의 대표적인 요리 중 하나가 초밥鮨이다. 원래 초밥은 동남아시아의 벼 농사지대에 기원을 둔 발효식품 기술이었으며, 중국과 한국을 통해 고대 일본열도에 전해졌다. 이는 나래즈시라고 불리는 어패류의 살을 발라내 소금과 함께 밥에 절여 발효시킨 저장식품이다. 초밥이란 말이 일본 문헌에 처음 나오는 것은 718년에 나온 《양로령》養老令이다. 그중 부역령賦役令 편에 '지'鮨, '자'鮓라는 글자가 처음 등장한다. 그러나 초밥이 다채로워지고 요리로 주목받게 된 것은 근세에 들어선 이후이다. 종래의 저장용 나래즈시 외에도 식초와 술과 소금을 끓여 밥에 섞어 만드는 하야즈시, 생선을 틀에 넣고 압력을 가해 만드는 오시즈시, 하코즈시, 후토마키즈시, 에도에서 탄생한 니기리즈시 등이 있다. 경사스럽다는 뜻의 '스시'寿司라는 단어가 탄생한 것도 에도 시대 중기 이후로 추정된다.

분세이 연간(1818~1830)의 초기에 가볍게 손으로 눌러 만든 '니기리즈시'握り鮨(생선초밥)가 등장했다. 그것을 처음 고안한 것은 행상으로 성공한 에도의 하나야 요헤에라고 한다. '니기리즈시'는 에도 토박이들 사이에서 '요헤에즈시'로 유명해져 대성황을 이뤘다. 주된 재료는 붕장어, 보리새우, 대합, 새조개, 오징어, 문어, 달걀말이로 간편하게 만들 수 있는 패스트푸드 같은 이미지였다. 요헤에는 해독작용이 있는 와사비를 사용했고, 녹차를 내는 등의 아이디어를 더해 생선초밥 보급에 힘썼다. 에도 막부 말기에는 전어초밥도 유행하게 되었다.

요헤에즈시에는 재료로 쓰지 않았지만 니기리즈시가 널리 확산된 계기가 된 것은 오래전부터 싸구려 취급을 받던 참다랑어(마구로)를 어떻게 먹어야 할지 하는 고민에서 생겨났다. 난류의 흐름에 변화가 생기면서 1836~1837년에 에도마에에 대량의 참다랑어가 밀려온 것이다. 하루에 만 마리 이상 잡아 올릴 정도였다. 당시는 참다랑어 한 마리 가격이 불과 200몬이었다.

그렇게 싼 참다랑어를 어떻게든 활용하려는 생각에 생선초밥 재료로 참다랑어가 등장하게 되었다. 메밀국수 한 그릇 가격이 16몬이었을 때 3척이나 되는 참다랑어를 200몬으로 살 수 있었으니 잘만 가공해 팔면 큰돈이 될 터였다. 그래서 참다랑어를 간장에 절여 팔기 시작했다. 그렇다 하더라도 한 마리당 1냥에서 2냥이던 가다랑어와 참다랑어의 가격 차이에는 입이 떡 벌어진다.

참다랑어가 그렇게까지 천대받았던 이유는 고대에 참다랑어, 황다랑어, 날개다랑어 등이 '시비'라고 불린 데에서 기인한다. '시비'라는 단어가 '사일'死日이라는 한자와 일본어 발음이 같아서 불길한 생선으로 여겨졌기 때문이다. 또 흰살 생선을 좋아하는 귀족의 입맛에 맞지 않았다는 이유도 있었다.

에도 시대가 되자 '시비'는 에도에서 '마구로'라고 불리게 되었고, 어획량이 늘어남에 따라 대중 생선이 되었다. 《에도풍속지》에 따르면 18세기 중기까지는 "고구마, 호박, 참다랑어 등은 몹시 천하여 상인들도 부끄러워 대놓고 먹지는 못했다."고 할 정도였다.

생선초밥과 함께 서민들이 손쉽게 먹을 수 있는 패스트푸드가 유부초밥이었다. 텐포 7년(1836) 대기근 당시 나고야에서 유부 속에 콩비

지를 넣어 팔았던 것이 유부초밥의 기원으로 알려져 있다. 유부초밥은 간단히 만들 수 있고 싸고 영양도 풍부하다고 알려졌다. 에도에서는 가에이 연간(1848~1854)에 니혼바시 짓켄다나의 지로키치가 신사의 붉은 기둥 문을 그려 넣은 사각등롱을 들고 행상을 하면서 크게 유행을 일으켜 유부초밥의 이름이 일반에게도 알려지게 되었다.

꼬치 덴푸라도 포장마차에서

덴푸라를 '천부라'天麩羅라는 한자로 기록한 것은 에도 시대를 대표하는 통속문학 작가 산토 교덴(1761~1816)으로 추정한다. '천'天은 '천축', '부'麩는 튀김옷, '라'羅는 얇다는 뜻이다. 도쿠가와 이에야스가 먹은 덴푸라는 생선이나 닭고기를 기름에 튀긴 것이었지만 에도 시대 중기가 되면 유채기름의 생산이 늘어나면서 덴푸라가 대중화되어 에도에서는 튀김옷을 입혀 튀겨 먹기 시작했다. 산토 교덴이 덴푸라라고 부른 것은 이 튀김옷을 입힌 덴푸라를 말한다.

1747년에 레이게츠안 고쿠스이가 쓴 《우타센노쿠미시》歌仙の組糸에는 "덴푸라는 어떤 생선이라도 우동가루(밀가루)를 뿌려 튀긴다. 국화잎 덴푸라, 혹은 우엉, 연근, 고구마 등 무엇이든 덴푸라로 하려거든 우동가루를 물과 간장에 풀어 튀김옷을 입혀 튀기면 된다."고 기록하고 있다.

에도에서는 에도마에인 보리새우, 붕장어, 망둥이, 오징어, 청보리멸, 뱅어 등의 생선을 튀긴 것을 '덴푸라', 채소를 튀긴 것을 '아게모노', '고마아게'라고 구별했다. 포장마차에서 먹기 쉽도록 하나하나 재료를 꼬치에 끼워 튀겼다고 한다. 덴푸라를 꼬치에 끼워 튀긴 것은 패스트푸드의 특성에서 왔다. 꼬치 하나에 4몬으로, 초밥 하나와 거의 같은 가격이었다.

덴푸라도 에도마에 생선에 꼬치를 끼워 튀긴 패스트푸드로 서민들 사이에서 인기를 끌었다. 따뜻한 덴푸라 꼬치를 무를 갈아 넣은 묽은 소스에 찍어 먹었다.

간사이 지방에서는 생선살을 갈아서 튀긴 것을 덴푸라라고 불렀기 때문에 에도의 덴푸라는 '츠게아게'라고 불렀다.

에도 시대 말기가 되자 덴푸라가 일반화되어 '긴푸라'라는 튀김도 등장하게 되었다. 료코구 야나기바시의 후카가와 분키치가 메밀가루로 만든 튀김옷을 고안해냈다. 텐푸라와 비교해 색은 검지만 메밀 특유의 풍미로 평판이 널리 퍼졌다. 메밀가루를 사용한 새로운 시도가 성공한 것이다. 튀김옷에 달걀노른자를 섞었기 때문에 이런 이름이 붙었다는 것은 그저 속설인 것 같다.

메이지 시대에 도쿄에서 번성한 덴푸라 가게는 긴자의 '덴킨', 신바시의 '하시젠'이었으며, 둘 다 서민적인 가게였다. 당시 덴푸라의 대표적인 재료로는 보리새우와 붕장어였는데, 니혼바시의 수산시장에서 덴킨은 보리새우, 하시젠은 붕장어의 우선선택권, 구입권을 가지고 있었다고 한다. 덴푸라 가게가 고급화된 것은 '덴푸라 정식'이 등장한 다이쇼 시대라고 한다.

전국화된 아사쿠사 김과
츠쿠다니

'아사쿠사 김'의 기원은 시나가와 앞바다

김은 바닷말을 종이처럼 얇게 펼쳐 말린 식품이다. 향긋하게 구운 김은 지금도 아침식탁에 빼놓을 수 없는 반찬이다. 일본에서 가장 유명한 김은 '아사쿠사 김'浅草海苔이다. 이 김의 기원은 에도 시대로, 시나가와 앞바다가 그 산지였다. 그런데 왜 아사쿠사 김이라고 불렸을까.

이것은 아사쿠사 관음보살 전설과 관련이 있는데, 아사쿠사 김이 스이코 시대(7세기)부터 명물로 널리 알려져 있었다는 설도 있으나 실제로 김이라는 명칭이 알려진 것은 에도 시대 간에이 연간(1624~1644) 이후다.

도쿠가와 가문이 에도에 입성한 후 어패류의 공급지로 정한 것은 에도성 앞의 어장이었다. 가나스기, 혼시바, 시나가와이다. 그러나 에도가 번성하게 되면서 가나스기, 혼시바 지역은 상업화가 진행되었다. 메구로가와耳黑川로 이어지는 텐노즈, 인접한 타치아이가와와 하류의 오이사메즈까지를 모두 아우르는 시나가와品川가 최고책임 포구로서 다른 8개 포구의 선두에 서게 되었다.

만지 연간(1658~1661)의 《동해도명소기》東海道名所記에는 '시나가와 김은 명물로, 색은 붉고 형태는 닭 벼슬처럼 작은 것'이라고 김에 대해 기술되어 있다고 한다.

김 양식은 우연히 시작되었다. 당시의 시나가와 항구에서는 날씨에 상관없이 에도성에 생선을 진상해야 했는데, 신갈나무, 상수리나무 등의 나뭇가지나 대나무를 세워 만든 간단한 양식장을 만들어 언제든 진상할 수 있도록 물고기를 키우고 있었다. 그 목재는 '히비'라고 불렀는데 그 히비에 부착된 홍조류, 남조류를 당시 창건된 간에이지寬永寺에 식재료로 보내게 되었다. '비린내가 나는 것은 성으로, 푸성귀는 산으로'라는 말이 생긴 것은 이러한 까닭이다. '노리'(김)라는 이름은 김이 맛있어서 불법의 '노리'(법)와 같다는 뜻에서 명명되었다는 설도 있다.

간에이 연간에서 겐로쿠 연간(1688~1704)으로 넘어가자 어부들은 히비를 세워 의도적으로 김 양식을 하기 시작했다.

시나가와 항구에서 재배한 김의 가공은 우에노 간에이지를 지을 때 시주의 대부분이 오래된 센소지浅草寺의 관계자였기 때문에 아사쿠사浅草의 업자가 맡게 되었다. 그러나 김을 건조하게 된 경위는 분명치 않다. 일설에 의하면 당시의 아사쿠사는 헌 종이를 모아 재생지를 만드는 일을 하고 있었으며, 그 장인이 아사쿠사종이를 만드는 과정에서 힌트를 얻어 종이처럼 건조시키는 방법을 김에 적용했다고 한다. 즉 파래를 담수에 섞어 종이를 말리는 방법으로 건조시켰다. 교호 연간(1716~1736) 무렵이 되자 아사쿠사 김은 에도 시중에 확산되었다.

건조시킨 김은 '감싸는' 특성이 있어서 밥과 재료를 함께 싸서 먹을 수 있는 점에서 편리했다. 간장과 궁합도 좋아서 간장보급과 함께 아사쿠사 김은 식탁에 올랐다. 아사쿠사 김은 에도에서 교토와 오사카로 '올려 보낸' 첫 식품이라고 한다.

에도 기념품으로 전국에 퍼진 츠쿠다니

츠쿠다니는 일본의 전통 조림요리다. 이는 어패류나 해초를 조미료로 짭짤하게 조린 저장음식이다. 도쿠가와 가문의 에도 입성은 1590년이었으나 당시에는 막부가 소비하는 생선을 확보하기 어려웠다. 이에야스는 예전에 셋츠의 다다 신사와 스미요시 신사를 참배할 때 배를 띄워 도와주었던 셋츠 츠쿠다 마을의 어부 34명을 에도로 불러 쇼군가의 전용 어부로 고용했다.

그들은 처음엔 안도 츠시마노카미의 저택에서 거주하고 있었으나 쇼호 연간(1644~1648)에 스미다가와 강 하구에 개척지를 만들어 그곳으로 이주시켰다. 츠쿠다시마이다.

이에야스는 뱅어를 무척 좋아해 그들에게 이세 만에서 시나가와 항으로 이동한 뱅어 어업의 특권을 주었다. 매년 연말부터 봄까지 츠

츠쿠다니

츠쿠다니는 일본의 전통 조림요리다. 이는 어패류, 생선, 해초와 채소 등을 설탕, 간장, 미림 등으로 달고 매콤하게 조린 저장식품이다.

쿠다시마 바다에서 뱅어잡이가 이루어졌으며, 마츠오 바쇼가 자신의 하이쿠에서 "뱅어가 비싸 원성이 자자하다"고 노래했듯 무척 비싼 생선이었다.

츠쿠다시마 어민들은 자신들을 고용해준 이에야스의 은혜를 잊지 않고 그의 제삿날인 4월 17일에 바다에 술을 뿌리는 '오미키나가시'를 했다. 그렇게 하면 놀래기라는 생선이 머리에 접시꽃 문양을 단 뱅어로 바뀐다는 이야기가 전해내려 오고 있다.

츠쿠다시마의 어민이 스미다가와 강에서 잡은 잡어에 간을 해서 조린 저장식품이 바로 츠쿠다니다. 처음엔 소금으로 조리다가 차츰 간장조림으로 바뀌었고 미림을 더하게 되었다. 오랜 시간 조려서 맛이 진하고 뼈가 부드러워져 먹기 편해졌다.

1858년 경부터는 남아도는 츠쿠다니를 판매하기 시작했는데, 싸고 맛도 좋고 오래 저장할 수 있어서 서민들 사이에서 인기를 끌며 에도에 참근교대로 와 있던 하급무사들이 귀향할 때 선물로 사가게 되었다. 츠쿠다니의 전국화는 참근교대라고 하는 시스템에 힘입어 에도가 신문화의 발상지가 된 것을 설명해주는 흥미로운 예이다.

전국에 츠쿠다니 조리법이 알려지나 원조가 츠쿠다시마였기 때문에 각지에서 만드는 같은 음식도 츠쿠다니로 불리게 되었다.

| 5 |

신코에서
단무지로

신코新香라는 말의 유래

오래전부터 채소는 소금에 절여 저장해왔다. 그러나 무로마치 시대가 되자 선종사찰에서는 된장절임이 성행하게 된다. 8대 쇼군 아시카가 요시마사 시대에는 '다도'茶道에서 된장절임이 자주 쓰이자 오로지 된장절임만 만들었다.

된장을 향이 진하다 하여 '향'香이라는 한자를 쓰고 '코'라고 읽었기에 절인채소를 된장에 절인 것을 '코노모노'(향내 나는 것)라고 불렀고, '신코', '코코' 등으로도 불렸다. '신코' 앞에 접두사 '오'를 붙인 것이 '오신코'이다.

식후 입가심으로 먹던 절임은 다도와도 깊은 관련이 있었던 것이다. 또한 문향聞香(향을 피워 그 냄새를 맡아 분간하는 일)으로도 미각이나 후각을 일신하기 위해 무절임이나 쌀겨된장절임이 이용되었다. 무절임

냄새를 맡으며 코의 상태를 정비한 것이다. 그러나 그것을 무절임이라고만 한다면 전혀 우아하지 않다. 그러한 의미에서 무절임은 '코노모노'로 불리기 시작했다. 무는 다도나 향도와 밀접한 관계를 맺은 일본을 대표하는 채소가 되었다.

에도의 절임가게의 원조는 에도의 거상 가와무라 즈이켄이다. 그는 메이레키 대화재 당시에 목재를 판매해 큰 이익을 얻은 인물이기도 하다. 1657년 3월에 지금의 도쿄인 에도에 커다란 화재가 있었다. 당시 건축물 60~70%가 소실되고 사망자가 10만 명에 이르렀는데, 이를 메이레키 대화재라 한다. 아무튼 이세에서 에도로 올라온 즈이켄은 처음엔 장사가 시원치 않자 교토와 오사카로 돌아가던 중 오다와라에서 함께 민박을 하던 노승으로부터 "번성하는 에도에서 도망치면 아무것도 못한다."는 말을 듣고 다시 에도로 돌아가기로 했다. 도중에 그는 시나가와에서 우란분절(죽은 사람이 사후에 거꾸로 매달리는 고통에서 구하기 위해 후손들이 음식을 마련해 승려를 공양하는 불교의례) 행사가 끝난 자리에 박이나 가지가 널려 있는 것을 보고 그것을 모아 소금에 절여 공사현장에서 싸게 팔았다. 이것이 그를 부호로 만들어 주었다고 한다. 채소절임이 거상을 만들어낸 것이다.

무말랭이를 소금에 살짝 절인 '아사즈케'를 에도에서는 '벳타라즈케'라고 불렀다. 음력 10월 20일에 상가에서 복신福神인 에비스에게 올리는 제사를 에비스코라고 한다. 이 행사 전날인 음력 10월 19일 밤에 니혼바시와 오덴마쵸 사이에 벳타라 시장이 열려 무절임을 지게미가 붙어 있는 채로 판매하는 풍습이 있었다. 새끼줄로 묶어놓은 무절임을 보고 젊은이가 장난으로 부인의 옷에 치덕치덕 묻히는 흉내를 내며 '벳타라, 벳타라'(치덕치덕) 하고 외치며 걸었다고 해서 벳타라즈케 라는 이름이 붙었다는 설이 있다.

네리마 무와 단무지

일본인의 무에 대한 친밀감, 신뢰감은 무척 강하다. 그러한 감각이 '다이콘 야쿠샤'(무 배우)라는 말을 만들어냈다. 무의 하얀색이 '초보자'를 연상시킨다는 설도 있으나 역시 무는 "어떻게 요리하든, 아무리 많이 먹든 다 소화해낸다."는 이미지에 말장난을 더해 생겼다는 설이 더 재밌다. 일본인은 무라는 식재료에 친밀감과 안도감을 가지고 있으며, 무에 대한 친밀함이 '다이콘 야쿠샤'라는, 어떤 배역이든 똑같이 소화해내는(연기가 형편없는) 배우의 명예로운 칭호를 창조해낸 것이다. 무는 정말 오래된 식재료로 고대 이집트에서는 마늘, 양파와 함께 쿠푸khufu 왕의 거대 피라미드 건설에 동원된 일꾼들의 주된 식재료였다. 무의 원산지는 카프카스 지방이나 지중해연안이라고 하는데, 이는 명확하지 않다. 고대 이집트에서는 채소, 약초로 재배되었던 듯하며 지금의 굵고 길쭉한 모양의 무와는 전혀 다른 것이었다.

히브리인 사회에서는 이집트 탈출을 기념해 봄에 열리는 유월절 축제 때 어린양을 바치고 선조의 고생을 잊지 않기 위해 발효시키지 않은 빵을 먹는데, 그때 양상추나 파슬리와 함께 무가 나온다고 한다. 무는 팔레스타인에서도 봄에 빼놓지 않고 먹는 식재료다. 일본으로 말하면 머위나 두릅 같은 것이었을까.

그리스나 로마에서도 무는 자주 먹는 채소였다. 그러나 그 무는 가늘고 작았으며 형태도 둥근 것부터 가늘고 긴 것이 있었으며, 색깔도 흰색, 노란색, 녹색, 빨간색 등 일정하지 않았다.

중국에 무가 전해진 것은 지금으로부터 5000년 전이라고 한다. 그 후 품종개량이 반복되었다. 일본에 무가 전해진 것은 나라 시대 이전으로, 서민의 생활과 밀접한 채소가 되었다. 무는 처음엔 '오오네'라고 불렸으나 헤이안 시대 중기에 한자로 '대근'大根이라고 표기하고, 일본식 독음인 '다이콘'이라 부르게 되었다고 한다.

에도 시대에는 교토의 쇼고인 무 등 많은 품종이 탄생했다. 무 문화의 전성기였던 것이다. 에도 무의 대표격은 누가 뭐래도 네리마 무다.

5대 쇼군 도쿠가와 츠나요시가 우마두右馬頭(말의 관리 및 조련 최고책임자)였을 때 각기병을 앓았는데 의사에게 치료를 받고도 낫지 않아 음양사에게 점을 보았다고 한다. 그랬더니 "에도성 서북쪽에 말 '마'자가 들어간 땅을 골라 요양을 하면 낫는다."는 말을 들었다. 그래서 츠나요시는 네리마練馬에 가서 요양을 했고, 각기병을 완치했다. 츠나요시는 요양생활 동안의 따분함을 달래기 위해 오와리에서 미야시게 무 종자를 주문해 네리마 사쿠라다이에 심었는데, 그것이 네리마 무의 원조라고 전해진다. 현재 네리마의 간논지觀音寺에 무의 유래를 전하는 '네리마 무 비'가 세워져 있다.

무는 국물요리에서 국물의 감칠맛을 흡수해 농축하는 재료로 환영받았는데, 후에 채소절임의 왕자 단무지가 되었다. 무를 건조시킨 후 쌀겨와 소금에 절이는 단무지절임이다. 기원은 시나가와에 있는 도카이지東海寺의 승려 다쿠안 오쇼라는 설도 있고, 사찰 내에 있는 다쿠안의 묘석이 채소를 절일 때 쓰는 누름돌과 닮았기 때문이라고도 한다. 또한 저장한다는 뜻의 '다쿠와에'라는 단어가 변해서 된 말이라고도 한다. 간소한 식사를 추구하던 선승이 대중적인 재료인 무를 사용해 창의적인 아이디어를 더해 민간에 보급시켰기 때문에 이러한 이름이 붙었을 것이다. 또한 약효가 있는 울금을 넣어 만든 노란 단무지도 생겨났다.

그러나 절이는 데 시간이 걸리는 단무지는 "그날 벌어 그날 쓴다."는 말처럼 성질 급한 에도사람들과는 맞지 않았다. 장사하는 집에서는 농가에 단무지를 주문해 저장까지 의뢰했으며, 자택에서는 쌀겨절임 항아리를 두지 않는 풍조가 강했다.

| 6 |

수박, 강낭콩, 고구마

붉은 속이 불길하다 여겨졌던 수박

수박의 기원은 기원전 2000년 이집트로, 11세기 무렵 실크로드를 통해 중국으로 전해졌다. 그러나 일본에 전해진 것은 의외로 에도 시대에 들어선 이후이다. 1648년 경 일본에 온 황벽종黃檗宗의 승려 인겐이 중국에서 수박 씨앗을 들여왔다고도 하고, 오키나와를 통해 1624년 무렵 사츠마에 전래했다고도 한다. 두 경우 모두 명나라가 멸망하고 청나라로 이행하는 시기에 일본에 전해진 것이다. 처음에는 수박의 붉은 색을 불길하게 여겨 잘 먹지 않았다. 《화한삼재도회》에는 풋내가 나고 불길한 붉은 색으로 피가 흐르는 살덩이 같다고 기록되어 있다.

1651년에 유이 쇼세츠의 난이 발각되어 에도가 떠들썩했는데, 그 이듬해 수박이 에도에 들어왔다고 한다. 수박을 본 사람들은 수박 속이 붉은 것은 "자살한 쇼세츠의 망령이 붙어서 그렇다."고 떠들어대며 불길해했다. 에도에 전해진 시기가 좋지 않았던 것이다. 수박이 서민의 여름 미각으로 자리 잡게 된 것은 1770년대의 일로, 노점에서 수박을 잘라 파는 조각판매가 성행하면서부터다.

한편 수박은 14세기 후기에 일본에 전해졌다는 설도 있다. 난젠지南禪寺의 주지 기도 슈신이 수박을 시로 읊었다고 한다. 그러고 보니 히키 햐쿠오가 센노 리큐에게 설탕을 뿌린 수박을 주었더니, 리큐가 설탕이 묻지 않은 곳만 골라서 먹고 돌아가 제자들에게 수박에는 수박의 맛이 있다고 했다는 유명한 이야기도 있다.

강낭콩은 쿠바산

강낭콩은 일설에서는 에도 시대 초기에 일본으로 망명해 황벽종을 전한 인겐 선사가 수박씨와 함께 강낭콩 씨앗을 전했다고 한다. 인겐은 여진족이 세운 청나라에 굴복하기를 거부하고 일본으로 망명했다. 그는 전차煎茶나 보차普茶 요리라는 사찰요리를 전한 인물로, 그중에서도 참깨두부나 두부에 채소를 섞어 튀기거나 찌는 '겐친' 등은 지금도 이어져 내려오고 있다. 참고로 '보차'라는 것은 "사람들에게 차를 내며 대접한다."는 뜻이다.

일본에서 중국식으로 인겐隱元이라 불리는 강낭콩kidney beans은 사실 '대항해시대' 이후 세계를 이동한 식재료의 하나다.

1492년에 약 60일 간의 항해 끝에 카리브 해에 도착한 콜럼버스는 그 바다를 거대한 황금의 섬 지팡구^{Zipangu}를 떠올리는 아시아의 바다 '중국해'로 착각했다. 그는 쿠바 섬을 칸이 지배하는 '치타이'^{Qitai}(중국대륙 북부)국의 일부로 착각해 그 남쪽에 위치하는 아이티^{Ayiti}(히스파니올라) 섬을 '황금의 섬 지팡구'로 오인했다.

콜럼버스는 사절단과 통역을 쿠바 섬으로 보내 칸과의 접견을 희망했으나 이루어지지 않았고, 결국 쿠바에서 발견된 것은 해먹과 담배와 강낭콩이었다고 한다. 혹은 강낭콩은 콜럼버스가 두 번째 항해 때 스페인으로 가지고 돌아갔다는 설도 있다.

쿠바에서는 지금도 검은 강낭콩과 쌀에 돼지고기나 햄을 섞어 '모로스 이 크리스티아노스'^{moros y cristianos}(무어인과 기독교도)라는 이름의 요리가 만들어지고 있다. 하얀 피부를 가진 스페인 사람들이 검은 피부를 가진 이슬람교도에게 지배받던 시대를 떠올리게 하는 스페인식 요리다.

강낭콩이 어떤 경로로 중국에 전해졌는지는 확실하지 않다. 아마 명나라 말기에 해금정책이 무너지고 중국 상인의 밀무역이 활성화되었던 시대에 포르투갈인 혹은 스페인인이 전한 것은 아닐까 추측하고 있다.

포르투갈 상인은 중국의 밀무역 상인과 복건의 월항^{月港}, 장강 하구의 쌍서항, 훗날 광저우 만의 마카오에서 무역을 했으며, 스페인인은 멕시코의 아카풀코 항과 필리핀의 마닐라 항 사이에 갈레온선이라는 거대한 무역선에 의한 정기항로를 열고 은을 찾아 마닐라에 찾아온 복건 상인 사이에서 대규모 거래가 이루어졌다.

명나라 시대의 《본초강목》(1596년 간행)에 강낭콩에 대한 기록이 있는 것으로 보아 적어도 그 시대에 강낭콩이 중국에 전해졌을 것이라 추측한다. 강낭콩은 현재 프랑스요리나 중국요리에 많이 쓰이는 식재료다.

농민 반란으로 쇠퇴한 명나라는 동북의 여진족에 의해 정복당했다. 1644년에 청나라가 세워지자 연해 지역을 중심으로 명나라로 복귀하려는 복명운동이 일어났다. 타이완해협에 접한 하문廈門 항을 근거지로 해상의 정성공鄭成功은 타이완 남부 타이난에 거점을 세우고 있던 네덜란드 세력을 타파하고 타이완에 상업제국을 건설해 청나라에 저항했다.

그때 명나라의 부흥을 원하던 많은 사람들이 일본으로 건너와 막부에 지원을 요청했다. 그중 일본에 황벽종이라는 새로운 선종을 알리고 우지에 황벽산 만푸쿠지万福寺를 연 인겐선사가 있었다. 그가 1654년에 일본으로 건너올 때 강낭콩을 일본에 전했다고 알려져 있으며 미국이 원산지인 콩이 일본에서는 '인겐마메'라는 이름으로 불리게 된 것이다. 하지만 원래 인겐선사가 일본에 전한 것은 강낭콩이 아니라 아프리카의 후지마메(편두)라는 설도 있다.

멕시코로부터 전해진 고구마

중남미산인 고구마는 멕시코의 태평양연안의 아카풀코에서 필리핀 군도인 마닐라로 전해지고, 이어 무역관계에 있던 명나라로 전해졌다. 고구마의 전파 경로는 16세기 후기 이후, 신대륙에서 산출된 저렴한 은으로 중국의 비단이나 도자기 등을 사들이기 위해 태평양을 횡단하는 마닐라·갈레온 무역이었다.

1571년에 5척의 함대를 이끌고 멕시코를 떠난 스페인인 레가스피가 이슬람 상인이 지배하는 루손 섬의 중심 항구 마닐라를 점령하고 멕시코 아카풀코와 마닐라를 잇는 갈레온 무역을 개시한다. 갈레온 무역은 태평양의 계절에 따라 바람의 방향이 크게 바뀌는 몬순을 이용해 멕시코에서 마닐라로 가는 항로의 항해가 90일, 난류를 타고 일본 연해를 북상해 산리쿠 해에서 편서풍을 타고 멕시코로 돌아가는 길이 5~6개월 걸리는 무척 험난한 무역이었다. 스페인이 그렇게 고생해서 신대륙에서 운반해온 저렴한 은은 마닐라에서 중국 상인이 가져온 비단이나 각종 일용품과 거래되었다. 그들이 아시아에서 신대륙으로 운반한 비단의 가격은 스페인의 발렌시아 지방에서 신대륙으로 건너온 비단 가격의 8분의 1이었다고 한다.

동아시아 해역의 첫 국제무역항 마닐라에서 중국을 향해 대량의 은과 함께 신대륙의 작물도 흘러들어갔다. 그중 대표적인 게 고구마다. 멕시코 원주민이 '카모테'라고 부르던 고구마는 갈레온 무역의 부산물로 루손 섬에 전해졌고, 역시 '카모테'로 불리며 가난한 사람들의 식재료로 쓰였다. "카모테로 산다."는 말은 극빈의 생활을 의미하는 것이다.

16세기 중기에 루손 섬에서 복건에 고구마를 전한 인물은 복주^{福州} 출신의 상인 진진룡이었다. 그는 고구마가 훌륭한 농작물임을 간파하고 배에서 쓰는 밧줄에 고구마 덩굴을 숨겨 복주로 가져갔다. 진진룡의 아들인 진경륜은 그 후 1594년에 복건 지방에 기근이 덮치자 고구마를 복건의 순무로 있던 김학증에게 진상했다.

김학증은 고구마를 훌륭한 구황작물로 인정하고 재배하도록 보급에 힘썼다. 이로 인해 고구마는 그의 이름을 따 '진수'金薯라고 불렸고, 복건 농민들 사이에서 환영받았다. 김학증을 중국판 아오키 곤요(일본의 고구마 보급에 힘쓴 인물. 한국은 조선 후기의 문신 조엄이 일본에서 고구마 종자를 들여와 최초로 고구마 재배를 실현했다)라고 생각하면 이해하기 쉬울 것이다.

명나라 말 저명한 농학자 서광계는 1608년 흉작 때 고구마에 대한 소문을 듣고 종자를 상하이로 가져가 보급에 힘썼다. 그의 대표적 저서인 《농정전서》에도 고구마 재배법이 기록되어 있다. 서광계는 복건, 광동 등 농지가 부족하고 해외무역이 활발한 지역에서 고구마가 대규모로 재배되어 많은 사람들을 기아에서 구했다고 했다.

고구마가 일반적인 곡물 재배에는 적합하지 않은 척박한 땅에서도 재배가 가능하다는 것이 알려지자 청나라 초기에는 연해지역이나 황하 유역의 황무지로 재배가 확산되었다. 이러한 이유로 한나라 이후 5000만 명에서 1억 명 정도에 머물러 있던 중국의 인구는 4억 명으로 급증했다.

고구마는 해상무역의 루트를 따라 1605년경 오키나와에 전해져 '카라이모'라고 불렸다. '중국에서 온 감자'라는 의미였다.

복주에 간 류큐왕국의 관리가 종자를 오키나와로 가져갔다고 하는데, 그 전파는 마닐라에서 복건에 고구마가 전해진 약 10년 후다. 그러므로 고구마의 전래가 의외로 빨랐던 것을 알 수 있다. 당시의 오키나와는 명나라에서 특별취급을 받는 감합무역의 테두리 밖에 있었는데 감합부 없이 무역을 할 수 있도록 특별허가를 받고 있었다. 복건 사람들의 오키나와로의 이주도 많았다.

오키나와에 전해진 고구마는 이윽고 주식으로 자리잡게 되었다. 오키나와 본섬에서 사키시마에 걸쳐서는 야나기타 쿠니오가 '카라이모 지대'로 불렀듯이 고구마를 주식으로 하는 지역이 되었다.

그 후 고구마는 오키나와에서 가고시마·나가사키 지방으로 전해지면서 이번엔 '류큐이모'라고 불리게 되었다. 특히 화산재지역으로 토질이 나빠 농업조건이 최악인 가고시마 지방에서는 고구마 재배가 활발해졌고, 겐로쿠 시대(1688~1704)가 되자 서일본을 중심으로 널리 보급되었다.

서민에게 사랑받은 군고구마 가게

막부가 고구마 재배에 주목한 것은 나가사키에 정박해 있던 복건의 이대형이 고구마 재배법을 기록시켰던 것을 통역이 번역해 쇼군 요시무네에게 전했기 때문이었다. 막부는 서양학자 아오키 곤요에게 명령해 고이시가와 약원에서 고구마를 재배하도록 했고, '사츠마이모'라는 이름으로 종자를 지방에 배부했다. 고구마는 메이와(1764~1772), 덴메이(1781~1789), 덴포(1830~1844) 등의 대기근이 덮쳤을 때 많은 생명을 구하면서 구황작물로서의 지위를 굳건히 했다.

많은 생명을 아사에서 구한 아오키 곤요는 '번저'薯藷(고구마의 별칭) 선생 혹은 '감저^{甘藷} 선생'이라고 불리며 많은 사람들의 존경을 받았다. 도쿄의 류센지^{瀧泉寺}에는 '감저 선생 묘'가 남아 있다. 위대한 것은 사람들의 배고픔을 달랜 식재료의 교류지만 아오키 곤요는 열심히 그 교류를 위해 애썼던 것이다.

재배가 확산되자 에도 서민들은 고구마를 군고구마로 즐겨 먹었다. 군고구마가게의 탄생은 에도 후기 간세이 연간(1789~1801)에 간다 진베에가 '군고구마'를 팔았던 것이 원조다.

밤처럼 맛있다는 의미의 '하리리한'이라는 이름으로 태어나 밤보다 맛있다는 '주산리한'이라는 별명으로도 불렸다. 한편 교토와 오사카에서는 찐고구마로 판매되었다고 한다.

| 7 |

첫 가다랑어와
메구로의 꽁치

허세 많은 에도 사람과 첫 가다랑어

가마쿠라 막부(1192~1333) 시대에 지배층 사람들은 가다랑어를 하급 생선으로 여기고 입에 대지 않았다. 그러나 무사 시대가 되자 가다랑어의 일본 발음인 가츠오가 이기는 남자라는 뜻의 '가츠오'勝男로 읽히면서 무사들이 출정 전에 첫 가다랑어를 먹는 풍습이 생겨났다. 가다랑어 산지는 난류가 흐르는 사츠마, 도사, 기이, 스루가, 이즈와 같은 태평양연안이었다. 《본조식감》本朝識鑑에는 "회로도 좋고 기름지며 '나마리부시'(가다랑어의 내장을 제거하고 가열처리한 가공식품, 딱딱한 가츠오부시는 이 과정을 거듭하여 만든다)로도 좋아 여름철 별미다. 또한 가츠오부시, 가츠오장을 담근다."라고 기록되어 있어 다양한 가다랑어 먹는 방법이 있었다는 것을 알 수 있다.

그러나 수송기관이 정비되지 않았던 시대에 먼 바다에서 잡은 가다랑어를 날로 먹는 것은 쉬운 일이 아니었다. 신선도를 유지하기가 어려웠기 때문이다.

5월에 첫 가다랑어를 먹는 풍습은 겐로쿠 시대 이후 에도 시대에 정점에 달했고, '마누라를 전당포에 맡기고'서라도 첫 가다랑어를 구한다는 말이 나올 정도로 첫 가다랑어를 먹지 않으면 수치라고 생각했다.

사가미 만에서 잡힌 가다랑어를 에도까지 운반했기 때문에 신선도나 맛이 떨어졌을 텐데도 첫 가다랑어의 가격은 한 마리에 2냥에서 3냥이나 했다고 한다.

첫 가다랑어의 비싼 가격은 옛 시조에서도 "4월 상순에 금화에 된장을 발라 먹노라."라고 노래할 정도였다. 첫 가다랑어가 값비싼 이유 중 하나는 기름기가 덜했기 때문이었다. 당시에는 담백한 생선을 좋아했기 때문에 오늘날과는 반대로 기름진 뱃살 같은 건 돈을 준다 해도 먹지 않았다고 한다.

이러한 가다랑어 붐은 간사이 지방에는 없는 에도 고유의 사회현상이었다. 첫 어획물을 먹으면 75일 장수한다고 하는 이야기와 에도 사람들의 신상품을 좋아하는 습성, 허세가 합쳐진 것이다. 참고로 당시 에도사람들은 겨자 된장을 발라 가다랑어를 먹었다고 한다.

1812년 4월 해금일 이전인 3월 25일에 첫 입하된 17마리(16마리라는 설도 있다)의 가다랑어 중에서 6마리는 쇼군에게 진상했고, 3마리는 고급요정인 '야오젠'에 2냥 1푼으로 팔렸고, 한 마리를 가부키배우인 나카무라 우타에몬이 3냥에 사서 배우와 스태프들에게 먹였다는 오다 난포의 기록이 남아 있다. 당시의 1냥은 현재의 6만 엔 이상의 가치가 있다.

경제관념이 철저한 오사카에서는 체면 유지를 위해 첫 가다랑어를 사들이는 멍청한 짓은 하지 않았다. 세토나이 해에서는 4월 경에 산란기를 맞아 낮은 하천으로 올라오는 도미가 '우오지마'라 불리며 인기였다. 오사카 사람은 저렴한 가격으로 살 수 있는 '제철' 생선을 즐겼던 것이다.

메구로의 꽁치는 왜 맛있나?

꽁치잡이는 일본 고유의 어업이며 꽁치를 대상으로 하는 어업이 외국에는 없다. 꽁치잡이는 에도 시대에 시작되었다. 17세기 후기 엔포 연간(1673~1681)에 사이라 그물(사이라는 간사이 지방에서 꽁치를 부르는 이름으로, 그물의 일종이다)이 기이(와카야마현)에서 행해진 것이 발단이다. 처음에는 정어리그물에 걸린 꽁치를 잡다가 본격적으로 꽁치잡이가 시작된 것이었다.

조금 뒤쳐져 아와(지바현)에도 그와 비슷한 어업이 생겨났고, 에도 시대 중기에 들어서면서 꽁치는 대중적인 생선이 되었다. 꽁치 어장이 된 곳은 주로 지바현 이북이다.

에도 시대 중기에 오다 젠사이가 편찬한 《리언집람》俚諺集覽에 "산마 三馬(생선이름), 학꽁치와 닮았고 소금에 절여 에도로 보낸다."고 기록되어 있는 것으로 보아 산마(꽁치)라는 이름을 이미 사용하고 있었다는 사실을 알 수 있다. 꽁치를 '추도어'秋刀魚라는 한자로 표기하게 된 것은 가을에 잡히며 길이 약 40센티 정도의 일본도처럼 가늘고 길게 생긴 생선이었기 때문이다. 안에이(1772~1781) 무렵에 꽁치가 서민들 사이에서 유행하게 되면서 간세이(1789~1801) 무렵에는 지배층으로도 확산되었다. 꽁치는 에도 시대부터 먹기 시작한 대중 생선의 뉴페이스였던 것이다.

그러나 유행이 시작되자 "산마(꽁치)가 나오면 안마(마사지)가 도망간다."는 말이 나올 정도로 건강을 증진시키는 식재료로 인정받아 서민들 사이에서 환영받았다. 꽁치는 에도 사람들의 가을 미각이 된 것이다.

이러한 서민의 식재료인 꽁치에 대한 기록은 익살스런 이야기를 들려주는 라쿠고落語에도 등장하는데, 바로 '메구로의 꽁치'가 그것이다.

하인을 데리고 메구로까지 나온 지체 높은 나리가 휴식을 취하던 농가에서 구운 기름진 꽁치를 먹고 그 맛을 잊을 수 없게 된다. 그러나 나리의 밥상에 서민들이나 먹는 꽁치가 오를 리 없었다. 나리는 꽁치를 먹고 싶은 마음이 깊어만 갔다. 어느 날 친척집에 들른 나리는 "뭘 드시고 싶은가요?"라는 물음에 대뜸 꽁치라고 대답한다. 주인은 그런 천한 생선을 어떻게 먹을까 걱정이 앞섰지만 하는 수 없이 해안에서 꽁치를 주문했다. 그러고는 건강을 생각해 한 번 쪄서 기름기를 빼고 구운 후에 가시를 다 발라낸 다음 정성껏 다져서 밥상에 올렸다. 그것을 먹은 나리는 꽁치를 어디서 구했느냐고 물었다. 니혼바시 해안에서 구했다고 하자 고개를 끄덕이며 "역시 꽁치는 메구로에서 잡은 것이 최고로다."라고 말하며 끝나는 내용이다. 바다와는 멀리 떨어진 메구로에서 잡은 꽁치가 맛있다고 하는 세상물정 모르는 나리를 비웃으며 서민의 지혜를 꽁치의 맛에 비유한 이야기다. 참고로 '산마'라는 이름은 몸이 가늘고 길기 때문에 사마나狹長魚로 불리던 것에서 유래한다고 전한다.

치쿠와·가마보코의 기원

일본열도에서 어묵의 역사는 길다. 식품을 저장하고 식재료를 다양하게 이용하려는 목적에 맞게 발달했다. '츠미이레' 혹은 짧게 '츠미레'라고 부르는 식품은 정어리 같은 작은 생선을 칼로 다져서 경단을 만들어 삶은 것으로, 역사가 무척 오래되었다. 가마쿠라 시대에는 송나라에서 절구가 전해지면서 생선살을 으깨는 작업이 더욱 용이해졌다.

에도 시대가 되면서 생선살로 만든 치쿠와, 가마보코라고 하는 어묵제품이 발달했다. 1684년 의사이자 역사가인 구로카와 도유의《요슈부지》雍州府志에 따르면, 첫 어묵은 생선살을 으깨어 대나무, 철, 황동 등의 꼬치에 감듯이 발라서 구워 만든 것인데, 훗날 판을 대고 굽는 제조법이 생기면서 꼬치에 꿰어 만든 '치쿠와 가마보코'와 판 위에 두툼하게 깔아서 만든 '이타 가마보코'를 구별하는 것이 어려워지자 자른 단면이 대나무의 단면과 닮았다고 하여 모두 '치쿠와'竹輪라고 부르게 되었다고 한다.

판을 대고 만든 가마보코에 대해서는 1508년 오가사와라식 식사
예법을 기록한《식물복용지권》^{食物服用之卷}에 "가마보코는 오른손으로 집
어서 왼손으로 바꾸어 들고, 위는 비워두고 중간을 손가락으로 잡은
뒤, 밑에 있는 판을 받쳐서 먹는다. 손을 더럽히지 않도록 끝부분을
종이로 싸서 먹기도 한다."는 기록이 있는 것으로 보아 판에 대고 만
든 이타 가마보코도 치쿠와 가마보코가 나오자마자 바로 생겨난 것
으로 추정된다. 그 후 제조법은 각 지방마다 특색 있는 성장을 보여
왔다. 오가사와라, 센다이, 와카야마, 야마구치 등의 가마보코가 유명
하다.

한펜은 생선살을 다져서 찐 식품이다. 그 유래에는 많은 설이 있
으나, 일설에 따르면 케이쵸 연간(1596~1615)에 슨푸에 살고 있던 한펜
^{半平}이라는 사람이 만들기 시작했기 때문에 그의 이름이 그대로 식품
이름이 되었다고도 하고, 으깬 생선살을 밥그릇뚜껑으로 퍼서 모양이
반원이 되므로 한펜^{半圓}이라 불리게 되었다는 설이 있다.

현재의 가마보코의 대부분은 판에 깔고 '찐' 이타 가마보코(판어
묵)가 주류다. 구워서 만드는 데 비해 간단해서였다고 추정된다.

에도의 과자문화와
가시와모치, 긴츠바, 다이후쿠

단오날 먹는 것은 치마키? 가시와모치?

에도 시대에는 과자가 다양해지면서 많은 변천을 거듭한 시대였다. 그러고 보면 화과자和菓子의 기원은 대부분 중국이며, 그것이 변형되면서 일본의 화과자로 변신을 이룩한 것이다. 이런 과자의 대표적인 것으로 간사이 지방에서 많이 먹는 치마키와 간토 지방의 가시와모치가 있다.

5월 5일은 일본에서는 '어린이날'이지만 오래된 중국의 명절로는 '단오'다. '단'端은 '시작'을 의미하고 '오'午는 숫자 '5'와 발음이 같아서 5월 첫 명절이라는 의미가 된다.

단오에는 잡귀를 물리치기 위해 창포나 쑥을 처마에 매달고, 창포를 달인 물로 목욕을 하거나, 치마키, 가시와모치 등을 먹는 풍습이 있다. 간사이 지방에서 자주 먹는 치마키의 역사는 매우 오래되었지만 간토 지방에서 먹는 가시와모치는 에도 시대 중기 이후부터 먹기 시작했다고 한다. 떡을 떡갈나무 잎에 싸서 먹는 지금의 가시와모치가 생겨난 것은 9대 쇼군 이에시게와 10대 쇼군 이에하루의 시대인 호레키 연간(1751~1764)이었다고 추정한다.

가시와모치를 만들 때 잎으로 떡을 싸기 위해 이용된 떡갈나무는 낙엽수다. 하지만 좀처럼 낙엽이 지지 않아 봄에 새로운 잎이 나오기 직전에야 잎을 구할 수 있었다. 그렇게 강한 생명력에 감탄해 떡갈나무 잎을 이용하게 되었다고 한다.

떡에는 팥소가 들어간 것과 된장이 들어간 것이 있었는데, 구별하기 쉽도록 된장이 들어간 떡은 떡갈나무 잎의 앞면이 밖으로 보이도록 쌌다고 한다.

치마키에 대해서는 굴원屈原(BC 343~BC 277)의 이야기가 있다. 전국시대(BC 403~BC 221) 말기에 다른 여섯 나라에 비해 압도적인 힘을 자랑하던 진秦나라는 장의張儀(?~BC 309)를 각국에 파견해 진나라와 6개국이 개별 동맹을 맺어 평화를 유지하는 '연횡책'을 추진, 자국에 유리한 국제환경을 조성하려 했다.

그때 남쪽의 대국 초楚나라의 좌도(정무차관)였던 굴원은 제齊나라와 결탁해 강대한 진나라에 대항하는 '합종책'을 주장해 회왕懷王의 신뢰를 얻었다.

그러나 굴원은 장의의 계략으로 국정에서 멀어지게 되었고, 회왕이 진나라로 불려가 그곳에서 죽자 적들에 의해 초나라에서 추방되었다. 대국 진나라의 힘이 초나라를 집어삼키려 점점 다가오고 있었다.

가시와모치

가시와모치는 팥소를 넣은 찹쌀떡을 '가시와'라고
부르는 떡갈나무 잎으로 감싼 것이다. 에도 시대
중기 이후부터 먹기 시작했는데, 5월 단오에 먹는
대표적인 화과자이다.

굴원은 초나라의 앞날을 걱정하며 분을 삭이지 못하고 비탄에 잠겨 동정호洞庭湖를 배회하다가 독특한 양식의《초사》楚辭를 지었다. 그것은 북방 문학의 대표인《시경》詩經과 대비되는 남방문학의 색채를 가진다.《초사》중에 "뜨거운 국을 먹다가 입을 데었다고 회도 불어가며 먹는가."라는 절구가 유명한데, 원문에서는 그 후에 "그런데도 당신은 어찌하여 뜻을 굽히지 않는가. 나 홀로 하늘에라도 오르는 마음으로 끝까지 지켜 절조를 변치 않으리."라는 시구가 이어진다.

실의에 빠진 굴원은 초나라를 염려하는 마음을 품은 채 돌을 안고 멱라수汨羅水에 뛰어들어 목숨을 끊는다. 초나라는 기원전 223년에 진나라에 의해 멸망하고 만다.

초나라 사람들은 굴원의 우국정신을 받들어 굴원의 기일인 5월 5일이 되면 대나무에 밥을 넣어서 물속에 던지며 그 영혼을 달랬다. 한나라 때 호남湖南의 장사長沙에서 한 인물이 굴원의 혼과 만났는데 매년 자신을 위해 강에 밥을 던져주어 고맙지만 새끼 용이 다 먹어버려서 곤란하니 대나무 끝은 전단나무 잎으로 막고 오색실로 묶어주면 좋겠다고 부탁했다고 한다. 이 이야기가 널리 퍼지면서 치마키 형태가 나오기 시작하는데, 현재는 조릿대 잎으로 싸서 골풀로 묶어 찐다. 치마키가 일본에 전해진 것은 무척 오래전으로, 헤이안 시대 음양사인 아베 노세이메이는 치마키는 악마를 본떠 만든 것이어서 이것을 비틀어 잘라 먹으면 귀신을 항복시킬 수 있다고 말했다.

긴츠바에서 킨츠바로 변신

5대 쇼군 츠나요시 시대에 교토에서는 멥쌀가루로 만든 피에 팥소를 넣고 둥글고 납작한 모양으로 만들어 구운 긴츠바가 서민들 사이에서 엄청난 인기를 끌게 되었다. 츠바는 검의 코등이鍔(검을 잡을 때 손을 보호해주는 쇠테)라는 의미로, 과자 모양이 코등이처럼 생겼다 해서 붙여진 이름이다. 에도 시대에는 화폐 체계가 2개 있었다. 교토와 오사카에서는 은화인 쵸긴丁銀, 마메이타긴豆板銀이 유통되고 있었다. 그러나 에도를 중심으로 한 간토에서는 금화인 고반小判, 니부킨二分金, 잇슈킨一朱金 등이 쓰이고 있었다. 그래서 에도에서 긴銀츠바가 유행하자 '은보다 금'이라며 킨金츠바로 불리게 되었다. 과자도 쌀가루로 만들다가 밀가루를 사용한 것으로 모습을 바꾼다. 킨츠바가 에도 서민들 사이에서 선풍적인 인기를 끌면서 원조인 긴츠바는 희미해지고 말았다.

킨츠바의 전성기는 분카·분세이 연간(1804~1830)이었으며 요시와라의 유곽여성들 사이에서 "나이 들어도 먹고 싶은 것은 '도테의 킨츠바 고구마'"라며 구슬픈 노래가 유행했다고 한다. 그렇듯 킨츠바는 서민들 사이에서 대단한 인기였던 것이다. 우키요에(풍속화) 화가인 시키테이 산바의 《부세풍려》浮世風呂에도 도라야키(반죽을 납작하게 구워서 팥소를 넣어 먹는 화과자)와 함께 킨츠바가 등장한다.

훗날 고급과자의 노포老舗로 알려지게 된 에이타로도 니혼바시의 구 서해안 부근의 포장마차에서 킨츠바를 팔아 성공한 것으로 유명하다.

코끼리 만쥬와 '쌀 만쥬'

에도 시대 중기까지는 에도에서 만쥬가 그다지 인기를 끌지 못했다. 그러한 상황을 한꺼번에 바꿔버린 빅 뉴스가 있었다. 1730년 무렵 교지국(베트남 남부)에서 코끼리가 들어온 것이다. 코끼리가 나가사키에서 에도로 올라오는 동안 소를 넣지 않은 만쥬를 먹이로 주었다는 소문이 에도에서는 큰 화제가 되어 '코끼리 만쥬' 붐이 일어나게 되었다.

참고로 에도에서 유명한 만쥬는 〈오에도 니혼바시〉お江戶日本橋라는 민요에 '두루미와 거북이의 쌀 만쥬'로 등장하는 아사쿠사 츠루야 가게의 '쌀 만쥬'였다. 쌀 만쥬는 쌀가루로 만든 반죽에 팥소를 넣은 만쥬다. 모양은 둥글고 양쪽이 삐죽 튀어나온 군고구마처럼 생긴 만쥬였는데, 만쥬 붐이 일어나자 에도를 대표하는 과자가 되었다. 덴와(1682년 전후) 시절, 츠루야 가게의 얼굴마담으로 에도에서 제일가는 미인이었던 '요네'가 상당한 수완으로 독특한 모양을 한 만쥬를 유행시켜 그것이 '요네 만쥬'가 되었고, 겐로쿠(1688~1704) 시절에는 에도를 대표하는 과자가 되었다고 한다.

따끈해서 인기를 끈 다이후쿠모치

다이후쿠도 에도 시대에 탄생했다. '다이후쿠모치'大福餠(찹쌀떡)의 원조는 얇은 피에 팥과 소금으로 만든 소를 넣은 '우즈라모치', 혹은 '하라후토모치'다. 팥소가 불뚝 튀어나와 있어서 배불뚝이라는 뜻을 가진 하라후토모치라는 이름으로 불린 것이다.

1771년에 에도 고이시카와의 과부가 이 우즈라모치를 작게 만들어 팥소에 설탕을 넣은 '다이후쿠모치'라는 떡을 고안해냈다. 이는 한자로 '대복병'^{大腹餅}이라고 표기했는데, 이왕이면 같은 발음으로 '대복병'^{大福餅}라고 쓰는 것이 복이 들어올 것 같아서 바꾸었다고 한다. 이윽고 다이후쿠모치는 우즈라모치를 밀어냈다.

세력가였던 타누마의 시대가 가고 마츠다이라 사다노부에 의한 간세이 개혁^{寛政の改革}(에도 시대 3대 개혁 중 하나)이 일어난 시기에 에도의 거리에서는 밤이 되면 군고구마가 아닌 따끈하게 구운 다이후쿠모치를 팔러 돌아다니는 것이 유행하게 되었다. 광주리 안에 작은 화로를 설치하고 그 위에 솥을 얹어 다이후쿠모치를 구우면서 행상을 했던 것이다. 추운 겨울밤에는 간단히 먹을 수 있는 따끈따끈한 다이후쿠모치가 환영받았던 것 같다.

가린토 행상

가린토는 한자로 쓰면 '화림당'^{花林糖}이 된다. 역사를 거슬러 올라가면 견당사들이 당나라에서 가져온 과자로, 헤이안 시대에는 '무기가타'라고 불렸다. 이 당나라 과자가 에도 시대의 대중적인 과자로 다시 태어난 것이다.

에도 시대 후기인 텐포 연간(1830~1844)에 후카가와 롯켄보리의 야마구치야 기치헤베이라는 인물이 밀가루에 달걀, 설탕을 넣어 반죽해 길게 잘라 기름에 튀긴 후 흑설탕을 뿌린 '가린토'를 판매하면서 에도 사람들에게 큰 인기를 얻게 되었다. 그때까지는 흔하지 않았던 달고 바삭한 식감이 서민들 마음에 들었던 것이다. 가린토는 어깨에 상자를 둘러매고 등나무 문양에 '가㐰린토'라는 문자가 새겨진 등롱을 든 행상들이 거리를 활보했다. 한때 엄청난 판매고를 올리며 에도에서 행상을 하는 사람의 숫자가 200명에 달했다고 한다.

가린토 행상은 메이지 시대 말기까지도 도쿄에서 볼 수 있었다. 로고가 박힌 웃옷을 걸친 행상들이 "가린토, 비가 와도 바삭바삭해요."라고 외치며 도쿄의 거리에서 행상을 했다. 사람들은 그들을 '바삭바삭 센베이팔이'라는 애칭으로 불렀다.

제6장

'양식'의 탄생과
세계화된 식탁

| 1 |

일본식
'서양요리'

일본식과 서양식이 절충되어 변화한 '양식'

메이지유신 이후 일본 사회는 '문명 개화'를 슬로건으로 내세우며 서양문화 수용에 힘썼다. 그러나 '화혼양재'^{和魂洋才}('화혼'이란 일본의 전통적 정신을, '양재'란 서양의 기술을 말하는데, 일본의 전통정신에 서양 기술을 더해 자신들 고유의 문화로 변형시킨 일본의 신문물 수용정신)라는 말이 있듯이 종적 사회인 일본이 횡적 사회인 서양사회의 시스템을 받아들이기는 한계가 있었다. 라프카디오 헌^{Lafcadio Hearn}(일본식 이름은 고이즈미 야쿠모)은 근무하고 있던 구마모토의 고등학교에서 크게 변화한 것처럼 보이는 일본사회가 여전히 변한 것 없는 종적 사회라는 것에 놀라, 메이지 변혁은 타인의 힘을 빌려 상대를 쓰러뜨리는 무술과 같다고 말했다.

서양요리의 도입은 간단히 말하면 일본 음식문화에 고기를 도입하는 것이었다. 그러나 고기와 밀이 중심인 서양의 음식문화는 일본인의 입맛에는 맞지 않았고, 일본인은 완고하게 쌀 문화를 고집했다. 오랜 세월에 걸친 변화에 의해 일본의 '음식'에도 고기라는 식재료를 도입해야 할 필요가 있었다. 빵도 팥빵이나 잼이 들어 있는 빵처럼 만쥬를 본떠 만든 빵으로 모습을 바꾸었을 뿐 좀처럼 주식의 자리를 탈환하지 못했다.

새로운 것을 좋아하는 일본인은 책상다리를 하고 먹는 '아구라나베'(소고기전골)에 새로운 시대의 돌풍을 예견했지만 그것은 어디까지나 이문화의 체험일 뿐 일상생활에 파고들지는 못했다. 서양의 식재료는 서서히 시간을 들여 일본 형식으로 융합되면서 일본식 서양요리라는 '양식'洋食으로 바뀌었던 것이다.

스키야키라는 전통적인 소고기요리에서 간토식 스키야키는 전골요리로 변화하였고, 돈카츠와 프라이는 덴푸라로, 팥빵이나 잼빵은 만쥬로 바뀌었다.

서양의 음식문화의 수용은 육고기 금지의 해금에서 시작되었다. 고대에 불교문화가 확산되면서 육고기를 먹는 것이 금지되어 왔던 음식문화의 전환이었다. 1869년(메이지 2년)에는 관영의 '츠키지 우마회사'築地牛馬會社가 설립되어 소고기의 해체작업과 판매가 시작되었고, 1872년이 되자 메이지천황이 처음으로 소고기를 먹었다. 그러나 오래된 식습관을 바꾸기란 쉽지 않았다.

1872년에 전문요리점으로 츠키치에 세이요켄 호텔이 개업했고, 1876년에는 지점으로 우에노 세이요켄이 개업했다. 1883년에는 도쿄의 히비야에 관영 사교장으로 로쿠메이칸이 문을 열면서 서양 생활

습관의 모방이 상류계급에서 시작되었지만 '서양요리' 혹은 '양식'이라 불리는 이질적인 요리가 서민생활에 침투하는 것은 메이지 시대에서 다이쇼 시대에 걸친 일이었다. 그 무렵부터 무슨 '켄'軒 무슨 '테이'亭라는 '양식' 가게가 순식간에 불어나 가정요리에도 서서히 '양식'이 침투하게 되었다.

그러나 '양식'은 밥을 유지하면서 서양의 식재료를 전통적인 요리로 변형한, 일본식 서양요리였다. 밥을 중심에 둔다는 생각만은 양보하지 않았던 것이다. 메이지 20년대(1880년대)가 끝나갈 무렵에 개발된 카레라이스 외에도 하야시라이스, 오무라이스 등 무슨 라이스라는 요리들이 그것을 반증하고 있다. 프랑스의 크로켓croquette을 흉내내어 대중요리 고로케가 등장한 것은 메이지 30년대(1890년대)다.

'양식'이 보급된 다이쇼 시대

오랜 세월에 걸쳐 '변형'이 이루어진 결과 다이쇼 시대가 되자 일본식 '양식'이 음식문화의 한 분야가 되었다. 3대 '양식'으로 불리는 카레라이스, 고로케, 돈카츠가 첨병이 되어 새로운 식재료, 요리법이 가정에도 스며들었다. 그 과정에 일본인의 센스를 살린 '변형'도 거듭되었다. 돈카츠에 곁들이는 양배추는 다른 나라의 요리에서는 볼 수 없는 것으로, 일본인의 독창성이 엿보인다. 아마도 회를 먹을 때 곁들이는 해조류를 응용한 것이었으리라.

쇼와 시대로 접어들자 고기가 요리의 소재로 폭넓게 이용되었고,

이윽고 비프스테이크도 먹게 되었다. 서양의 요리가 일본식 맛을 더해 그대로 식탁에 오르게 된 것이다.

커피도 일본사회에서는 상당한 기간 동안 융화되지 못했다. 1888년에 외교관으로 활약한 정영녕의 아들 정영경이 도쿄 우에노에 '카히사칸'可否茶館(커피차관)이라는 최초의 커피숍을 열어 커피 한잔에 1전 5리에 판매하기 시작했으나 몇 년 못 가 폐점하게 되었다. 참고로 당시는 메밀국수 한 그릇에 8리였다. 커피가 서민의 생활에 파고든 것은 메이지 말년이었다.

새로운 알코올음료인 맥주는 미국인 윌리엄 코플랜드가 1870년에 요코하마에서, 1872년에는 시부타니 쇼자부로가 오사카에서 첫 일본인 손으로 만든 양조 맥주를 판매했다. 1876년에는 홋카이도 개척사開拓使가 삿포로에서 양조를 시작했으나 모두 소규모였다. 맥주 제조가 본격화되는 것은 메이지 20년대(1888~)였다.

| 2 |

문명개화와 스키야키,
규나베

서양문명의 이입으로 다시 태어난 고기문화

메이지유신 이후, '문명개화'의 상징으로 소고기를 들 수 있다. 소고기에는 하이컬러의 이미지가 있었고 무엇보다 맛이 좋았다. 그러나 곧바로 스테이크를 먹게 된 것은 아니었고, 전골이라고도 하기 그렇고, 구이라고도 할 수 없는 일본 고유의 소고기요리가 창조되었다. 화양절충和洋折衷(일본식과 서양식의 절충 양식)이라는 양식으로 일본요리의 틀 안에 소고기가 융합되었으나 그것은 메이지 시대까지 살생을 금하는 불교에 의해 육식이 금지되어 있던 것과 깊은 관련이 있다.

자연환경이 좋아 수렵·채집문화가 장기간 계속되었던 일본에서는 예전에는 멧돼지, 사슴 등의 육고기를 먹었다. 그러나 552년에 불교가 전래하자 소, 말 등의 육식이 금지되었다. 791년에는 "이세, 오우미, 와카사, 에치젠에서 기르던 가축 소를 도축해 한신漢神(또는 韓神=백제의

신)에게 제사 드리는 것을 금한다."는 금지령이 내려진다. 공적으로 육고기의 섭취를 부정한 것이었다.

그 후 천 년 이상의 세월이 흘렀고 소고기를 먹는 시도는 미국인이 시모다의 숙소, 교쿠센지玉泉寺 경내에서 소를 도축하면서 재개되었다. 일본이 개국되고 고베, 요코하마 등의 거류지에 외국인이 살게 되면서 소고기의 수요는 증가한다.

일본에서는 소고기를 조달할 수 없었기 때문에 외국인은 처음엔 선상에서 직접 소를 도축했다. 그러나 1866년 이후에는 효고현 롯코산 산다 지방에서 키운 소를 고베에서 도축하게 되었다. 고베규神戸牛의 탄생이다. 이윽고 고베규는 요코하마, 도쿄에도 전해졌다.

간장문화와 전골요리에 접목된 소고기

1868년에 도쿄 시바에 나카가와라는 규나베식당牛鍋屋(소고기전골집)이 개업하자 순식간에 소문이 퍼지면서 같은 가게들이 줄줄이 들어서게 되었다. 그 뒤로 소고기에 파, 두부, 실곤약 등을 넣고 간장과 설탕으로 만든 양념으로 끓이면서 먹는 '규나베'牛鍋(소고기전골, 샤브샤브)가 간토 지방에서 유행하게 된다. 간사이 지방에서는 농가에서 쓰지 않게 된 쟁기 날에 고기를 구워먹었다고 해서 붙은 이름인 '스키鋤(쟁기)야키焼(구이)'가 유행했다. 전자는 간토 지방에서, 후자는 간사이 지방에서 부르는 이름이었는데, 모두 일본적인 절충요리였다. 간장과 '남만(포르투갈)요리'에 들어가는 파 등을 넣은 스키야키鋤焼는 구이라고도 전골이라고도 부르기 힘든 일본식 새로운 요리였다.

작가이자 신문기자였던 가나가키 로분의 《우시야조단 아구라나베》牛店雜談 安愚楽鍋는 메이지 시대 초기에 규나베가 대중들 사이에서 유행했다는 사실을 대변한다. 그러나 고급 소고기 요리법은 전통적인 사슴, 멧돼지, 말고기를 사용하는 '모미지나베', '보탄나베', '사쿠라나베' 등의 연장선에 위치하는 것이었다. 새로운 식재료가 전통적인 요리법을 되살린 것이다.

사카모토 규가 노래한 〈위를 보고 걷자〉上を向いて歩こう라는 노래가 미국에서 '스키야키'라는 제목으로 대히트한 것으로도 알 수 있듯이, 스키야키는 일본을 대표하는 국제적인 요리의 하나가 되었다. 스키야키는 '변형'된 일본 고유의 요리 중 하나다. 일본에서 다면적으로 만들어진 전골요리에 소고기가 새로 융화된 것이다. 전골요리에는 두부를 육수에 끓여 양념에 찍어먹는 유도후, 육수에 닭고기를 넣고 끓인 미즈타키, 대구지리처럼 재료를 넣고 심심하게 끓인 지리, 싱겁게 간을 해 건더기와 함께 국물도 마실 수 있는 요세나베, 진한 국물을 사용하는 스키야키 등을 기본으로 다양한 종류가 있다. 전골요리가 일본 요리의 중심에 서게 된 이유는 주로 기름이 아닌 물을 사용한다는 것이나, 조미료로 간장이나 된장을 사용한다는 것과 주재료로 어패류를 사용하는 일이 많다는 등의 이유를 들 수 있다.

규나베와 스키야키는 이윽고 '스키야키'라는 이름으로 통일되었다. 메이지 초기의 소고기는 약 600그램에 16전으로 당시 물가에 비해 상당히 비싼 식재료였다.

스키야키

스키야키는 일본을 대표하는 국제적인 요리 중 하나다. 일본에서 다면적으로 만들어진 전골요리에 소고기가 새로 융화된 것이다. 간토 지방에서는 규나베, 간사이 지방에서는 스키야키라고 부른다.

배추와 청일전쟁

규나베, 스키야키는 일본의 전통 전골요리에 소고기를 넣은 요리다. 그러한 전골요리에 빠질 수 없는 채소가 배추다. 잠깐 주제에서 벗어나지만 배추에 대해 설명하고 넘어가자. 배추는 무와 함께 일본의 식탁에 친숙한 식재료지만 그 역사는 상당히 짧다. 청일전쟁이 배추를 전해주었다고 해도 과언이 아닐 것이다.

배추는 중국에서 품종개량으로 태어난 양배추의 사촌 격으로, 동아시아 양배추라 불러도 좋을 것이다. 일설에 따르면 중앙아시아에서 전해진 청경채를 시베리아 순무와 교배시켰는데, 그것이 황하 유역에서 배추로 탄생했다고 한다. 그렇다면 배추는 황하의 물로 키운 채소가 된다.

배추도 처음엔 양배추와 마찬가지로 비결구非結球로, 잎이 벌어져 있었다. 그러나 경제가 현저히 활발해진 송나라 때에 지금과 같은 결구품종 배추가 출현했다. 배추는 중국을 대표하는 채소로 동아시아로 퍼져나갔는데, 일본에 들어온 것은 의외로 늦은 메이지 시대가 되어서였다.

1875년 도쿄박람회에 청나라 산동山東 배추 3포기가 출품되었는데, 일본인과 배추와의 첫 만남이었다. 그 후 청일전쟁(1894~1895), 러일전쟁(1904~1905)으로 중국에 출병한 일본인 농민병사가 중국에서 재배되고 있던 배추의 훌륭한 쓰임새에 감격해 그 씨앗을 일본에 들여와 재배를 시작했다. 그 뒤로 배추가 일본의 식탁에 급속히 퍼지게 되었다한다. 일본의 재래종인 잎채소는 배추와는 견줄 상대가 되지 못했다.

| 3 |

일본인에게 사랑받은
카레라이스

카레는 다이쇼 시대에 일본에 정착

규나베(소고기전골)에서 시작된 서양식 고기문화의 수용은 소고기 같은 식재료 이입으로 시작되어 차츰 서양식 요리법을 받아들이는 방향으로 흘러갔다. 그때 선두를 끊은 것이 밥과 함께 낼 수 있는 카레라이스였다.

카레라이스를 일본에 처음으로 소개한 인물은 후쿠자와 유키치로 전해진다. 1860년의 《증정화영통어》增訂華英通語에 카레curry라는 단어가 등장한다. 카레라이스는 유럽을 경유해 일본에 들어온 쌀 요리다. 1872년에 이미 카레를 만드는 방법이 소개되어 있었다. 동년에 간행된 《서양요리지남》西洋料理指南은 카레라이스의 제조법에 대해 "파, 생강, 마늘을 잘게 썰어 버터로 볶은 뒤 닭고기, 새우, 굴, 개구리 등을 넣고 끓인 후 카레가루와 밀가루를 넣고 조금 더 끓인다."라고 기록되어 있다.

청일전쟁이 끝나자 서민들 사이에서도 카레가 유행하게 되었다. 나츠메 소세키의 소설 《산시로》三四郎에도 카레라이스가 등장한다. 카레라이스는 서양식으로 맛을 낸 것이 이국적 정취를 자극해 유행했고, 카레가루의 수요가 증가했다. 그러던 중 카레가루의 국산화 바람이 불기 시작했고 1945년에는 카레가루의 제조가 시작되었다.

우리에게 친숙한 카레라이스가 일본의 음식문화로 정착하게 된 것은 다이쇼 시대인데, 그것은 카레와 스튜를 융합시킨 것이었다. 또한 1932년에는 건더기만 넣으면 완성되는 즉석카레가 출현했다. 향신료로 고기 특유의 잡내를 없애는 카레라이스여서 일본인에게 쉽게 받아들여진 것 같다.

인도의 조미료 카레

카레는 강황(울금Turmeric)을 기본으로 후추, 계피, 정향과 같은 향신료를 20~30 종류 섞어 만든 혼합조미료인데, 향신료의 집산지 인도에서 나는 조미료를 써서 동남아시아 전역으로 퍼져나갔다. 인도에서는 집집마다 각기 다른 고유의 카레가 있다. 카레의 어원에 대해서는 여러 설이 있다. 남인도의 타밀어로 '식재료', '향신료가 들어간 소스'를 의미하는 '카리'kari라고 보는 것이 타당할 것이다.

희망봉을 우회해 남인도에 도착한 포르투갈인이 '카리'를 요리 이름으로 오인해 유럽에 전한 것이었으리라. 유럽에서는 조미료가 아니라 요리로 카레를 받아들인 것이다. 필자도 이전에 스리랑카의 콜롬보에서 바나나 잎에 나온 안남미로 지은 밥과 채소가 들어 있는 카레를 섞어서 손으로 먹은 경험이 있는데, 인도에서는 이스트를 넣지 않고 납작하게 구운 차파티^{Chapati}라는 빵에 카레에 섞어놓은 각종 식재료를 싸서 먹는다.

카레를 노랗게 만들고 고유의 향기를 내게 하는 향신료로 이용된 것이 강황이다. 참고로 우리에게 친숙한 단무지를 노랗게 물들이는 것도 바로 이 강황이다. 강황은 인도에서 가장 중요한 향신료 중의 하나로, 연간 생산량은 3,000톤에 이른다. 인도상인들이 나팔모양으로 벵골만을 향해 열려 있는 말라카해협을 통해 진출해 인도문명이 전파된 동남아시아에서도 강황의 노란색은 특히 고귀한 색으로 여겨져 향신료로 쓰이는 외에도 화장품, 염료, 부적으로도 이용되었다.

서방세계에도 차례로 인도의 강황이 전파되었다. 로마제국에 강황이 전해진 것은 1세기의 일로 '테라 메리타'$^{terra merita}$(위대한 대지)라고 불렸다. 동방의 이국적인 지역에서 온 향신료라는 뜻으로 영어인 터메릭^{turmeric}의 어원이다.

유럽에 강황이 들어온 것은 대항해시대 이후인 16세기로, 값비싼 착색료인 사프란의 대용품으로 쓰였다. 인도에 처음 들어간 포르투갈인은 강황을 '인도의 사프란'이라고 불렀으며, 이탈리아, 스페인, 프랑스에서는 산스크리트어로 사프란의 원료 '크로코스'^{Crocus}에서 유래하는 '쿠르쿠마'^{curcuma}라고 했다.

일본에도 류큐선박 등의 동남아시아나 중국무역을 통해 한약, 비단, 포목의 착색제로 유입되었다. 중국과 일본에서는 강황을 '울금'이라고 하는데, '울'鬱은 '울창하다'는 뜻이고 '금'金은 '황금빛 식물'을 의미한다. 강황은 생강과로 땅속 덩이뿌리를 이용한다.

인도의 식민지화와 카레의 세계 제패

카레는 인도의 식민지 시대에 영국에 전해졌다. 안남미와 향신료를 가지고 가서 카레를 유럽에 소개한 것은 워런 헤이스팅스(1732~1818)였다. 1757년 플라시전투로 영국 동인도회사가 벵골 태수와 프랑스 동인도회사를 물리치고 벵골 지방 징세권을 획득한 후 초대 벵골 총독이 된 그는 1772년에 처음으로 카레를 영국에 소개했다.

안남미에 강황으로 색을 낸 조미료와 채소에 고기를 섞어 끓여 부어먹는 카레, 카레맛 스프인 멀리거토니 수프Mulligatawny Soup는 소문이 퍼졌고, 이윽고 크로스 & 블랙웰사(C&B사)가 세계에서 최초로 카레가루를 상품화했다. 카레를 걸쭉하게 만들기 위해 밀가루를 첨가한 루roux는 소스를 중요시하는 프랑스요리의 방법을 카레에 도입한 것이다. 카레라이스는 프랑스에도 전해져 리오카리riz au cari로 불리는 요리가 되었다.

| 4 |

'첫사랑의 맛'은
몽골에서

유산균음료와 유목문화

칼피스라는 유산균 음료의 고향은 중앙아시아 대초원이다. 몽골
에서 터키에 이르는 대초원에서 마시는 음료로, 장을 깨끗하게 하는
정장작용이 주목받고 있다. 유목민은 망아지가 어느 정도 자라서 젖
이 필요 없게 되는 6월말 경에서 10월말 경에 짠 300~400리터의 마
유馬乳를 발효시켜 알코올도수 1%에서 3%의 마유주를 만들었다. 만드
는 방법은 무척 간단하다. 가죽주머니에 짠 젖을 넣고 막대로 7일에
서 10일 정도 저으면 가죽주머니에 부착되어 있던 유산균이나 이스
트균의 작용으로 발효가 일어나 마유주가 완성된다.

마유주는 알코올도수가 낮기 때문에 대접으로 마셔도 취하지 않
았다. 그래서 몽골사람들은 시도 때도 없이 마유주를 마신다. 몽골인
남성들이 하루에 약 4리터의 마유주를 마신다는 조사결과도 있다.

칼피스와 다이쇼 로망

일본에서 네덜란드인에 의해 우유판매가 시작된 것은 1862년이다. 1866년에는 네덜란드인으로부터 낙농을 배운 지바현 시라코마치 마을 출신의 마에다 도메키치가 요코하마에서 우유를 팔기 시작했다. 홋카이도 개척이 시작되자 미국 낙농기술을 도입한 근대적인 우유생산이 시작되었다. 일반 농가에 낙농이 도입된 것은 1차 세계대전 전후로 추정된다. 일본의 유제품 제조는 남은 우유를 버리지 않으려고 시작되었다. 낙농 보급과 유제품은 깊은 관련을 맺고 있었던 것이다.

일본에서는 요구르트가 '응유'凝乳로 불리며, 메이지 20년대(1888~)부터 남은 우유를 이용한 정장제로 판매되었다. 1912년에 도쿄의 사카가와 우유판매점에서 시판된 '케피어'kefir라는 요구르트는 자양식품으로 유명하다.

1902년에 중국으로 건너가 몽골까지 갔다가 1915년에 귀국한 미시마 가이운은 몽골인의 마유주에 힌트를 얻어 종래의 요구르트와는 다른 우유음료 '다이고미'를 만들었다. 그는 우유로 만든 크림에 유산균을 첨가해 제품화했으나 비용이 불어나자 탈지방유로 만든 분말 탈지분유를 이용하게 되었다. 생산비용이 훨씬 저렴했기 때문이었다.

탈지분유라고 하면 2차 세계대전 후 학교급식으로 나오던 맛없는 우유를 떠올리게 된다. 여기에 유산균을 첨가해 발효시킨 후 설탕을 넣으면 맛있어진다. 그때까지 어떻게 사용해야 할지 고민이던 탈지우유의 새로운 활용법이 고안된 것이다. 몽골의 마유를 탈지우유로 탈바꿈시킨 일본 고유의 유산음료의 탄생이었다. 동물의 젖을 발효시키는 식품이 헤이안 시대 이후 오랜만에 되살아난 것이다. 이종문화의 일본화였다.

탈취살균한 뒤 30도 정도로 식힌 우유에 유산균을 첨가해 약 30시간 발효시킨다. 여기에 당분이나 칼슘을 첨가, 고압으로 균질화해서 만든 유산음료는 우유의 칼슘calcium과 몽골 지방에서 마시는 사르피스sarpis(숙소熟酥=정제된 버터)를 합성해 '칼피스'(cal- + -pis)라고 이름 붙였다. 칼피스는 1차 세계대전이 끝난 이듬해 1919년 7월 7일에 시판되었다.

참고로 칼피스라는 이름을 명명한 인물은 작곡가 야마다 고사쿠와 당시 시바학원 교장이었던 와타나베 가이쿄쿠다. 칼피스는 '첫사랑의 맛'이라는 캐치프레이즈와 함께 지금도 사랑받고 있다.

| 5 |

1차 세계대전 중
독일인 포로가 전한 소시지

독일인 포로가 이식한 소시지

일본에 소시지가 전해진 것은 1차 세계대전 중이었다. 일본은 산둥반도에 출병해 독일의 조차지 청도靑島를 점령하고, 독일인 포로 4,715명 중 약 1,000명을 1915년에서 1920년 사이에 지바현 나라시노 포로수용소에 수용했다.

독일인 포로와 지역주민 사이에 다양한 문화교류가 이루어지면서 연유, 마요네즈, 서양과자, 와인 등의 제조법과 독일 음악이 전해졌는데, 그중 가장 유명한 것은 소시지다. 지바현의 나라시노가 '일본 소시지 제조 발상지'라고 하는 것은 이러한 까닭이다.

나라시노 포로수용소에 수용되었던 독일인 중에 우연히도 소시지 제조업자가 5명이나 있었다. 말할 것도 없이 독일은 소시지문화가 발달한 나라다. 일본인은 1차 세계대전으로 소시지문화를 '쵸즈메'(동물의 창자에 각종 재료를 채운 음식)로 수용하는 찬스를 얻은 것이다. 5명의 포로 중에서도 카를 얀은 가장 훌륭한 기술자였다. 지바현에 신설된 농상무성農商務省 관할의 축산시험장은 1918년에 얀을 책임자로 임명해 소시지 식품가공시험을 진행하여 많은 일본인이 그에게서 소시지 제조비법과 기술을 배워 일본 전역에 전했다.

소시지는 소나 돼지의 직장, 양의 소장, 소의 맹장 등을 소금에 절였다가 가열해 잘게 썬 소고기와 돼지고기를 향신료와 함께 넣고 건조, 가열, 혹은 훈연을 통해 만드는 식품이다. 같은 해 도요세이칸회사가 일본에서 처음으로 햄, 베이컨, 소시지 가공을 시작했다. 생선살로 만든 생선소시지는 가마보코, 치쿠와와 같은 어묵제품이며, 일본의 생선 음식문화를 변화시킨 것으로 볼 수 있다.

1922년에는 메이지야라는 가게가 정부의 권유로 독일포로였던 반 호텐과 헤르만 윌스크를 고용해 본격적으로 햄, 소시지 제조를 시작한다. 1925년에는 '위장의 선교사'로 불리던 독일인 칼 레이몬이 하코다테에서 햄과 소시지 제조를 본격적으로 개시했다. 쇼와 시대 초기에는 일본인으로는 처음으로 오키 이치조가 햄·소시지 전문점을 도쿄의 긴자 오와리쵸에 열어서 주목을 끌었다.

일본 고유의 소시지로는 표면을 붉게 착색시킨 비엔나소시지가 있다. 이 소시지는 질 좋은 고기를 확보하지 못했던 쇼와 시대 중기에 고안된 것으로, 고기의 발색이 좋지 않음을 감추기 위해 고안된 것으로 보인다.

고기를 발효시키는 지혜

상하기 쉬운 생선이나 육고기를 저장하기 위해서는 소금을 사용하는 방법과 건조시키는 방법이 있다. 가령 일본에서도 제염이 발달한 간사이 지방에서는 생선 저장에 소금을 썼으며, 소금이 적은 간토 지방 이북에서는 건어물로 만들었다. 이와 마찬가지로 소금이 귀했던 중국에서는 건어물이 발달했고, 소금이 비교적 풍부했던 지중해에서는 염장법이 발달했다.

유럽에서는 사전의 수만큼 소시지가 있다고 하는데, 영어인 소시지의 어원은 라틴어로 소금을 의미하는 살^{sal}에서 유래한 살수스^{salsus}로 염장한 고기를 의미한다. 그러나 암퇘지를 의미하는 서우^{sau}와 허브의 일종인 세이지^{sage}의 합성어라는 설도 있다. 세이지는 돼지고기의 누린내를 없애기 위해 이용되었다고 하는데, 꿀풀과인 세이지는 샐비어라고도 한다. 이는 독일에서 향신료가 전해지기 전부터 유럽에서는 만능 약초로 자리잡고 있었다.

소시지의 본고장 독일에 가서 소시지라고 말하면 통할 리가 없다. 소시지는 영어이며 독일어로 소시지는 부르스트^{wurst}라고 한다. 굵고 큰 '프랑크푸르트'도 독일에서는 '프랑크푸르터 부르스트'(프랑크푸르트식 소시지)가 된다.

소시지는 원래 염장한 양고기에 향신료, 조미료를 섞어 동물의 창자에 채워 가공한 식품이다. 튼튼한 창자를 이용한 가공기술의 발명은 오랜 경험을 바탕으로 획득한 지혜의 결정이었다.

소시지의 역사는 돼지 넓적다리를 어원으로 하는 햄보다 오래되었으며, 기원전 8세기에 쓰인 호메로스의 서사시 《오디세이아》에도 지방과 피를 채운 염소 위장이 등장한다. 그렇듯 소시지는 병사들의 귀중한 휴대식품이었다.

중일전쟁이 전해준
교자

음력설에 먹는 설음식

교자餃子(만두)는 에도 시대의 《청속기문》清俗紀聞(1799년 간행) 등에도 기재되어 있는데, 일본에서는 거의 보급되지 않았었다. 쇼와 시대 초기까지만 해도 도쿄에 교자를 파는 중화요리집은 없었다고 한다. 교자가 일본의 식탁에 스며든 것은 중일전쟁, 2차 세계대전 후로 추정된다. 험난했던 중일전쟁이 일본에 교자를 전해준 것이다. 즉 패전으로 인해 옛 '만주'에서 떠나온 사람들이 중국의 일반가정에서 먹던 교자를 일본 전국에 전하면서 2, 3년 만에 폭발적으로 퍼져나갔다고 한다. 불행한 형태로 전해진 음식문화의 교류라 할 수 있다. 'ぎょうざ'(교자)라는 발음은 산둥어 '쟈오쯔'의 일본식 발음이라고 한다. 교자는 때로 비참한 체험을 이야기하는 발단이 된다. 전쟁이 장대한 문화교류를 동반하기도 하는 것이다.

교자와 완탕은 모두 얇게 편 밀가루반죽으로 만든 피로 소를 싸서 찌거나 삶아서 먹는 것으로, 중국에서 오래전부터 내려오는 전통요리다. 일본에서는 둘 다 먹고 있지만 중국에서는 남부의 완탕, 북부의 교자와 같이 지역이 나뉘어 있다.

교자(쟈오쯔)는 현재 중국에서는 음력 섣달 그믐날 새해를 맞으며 반드시 먹는 음식이다. 음식 이름인 '餃子'와 자손을 번성케 한다는 '交子'는 둘 다 발음이 '쟈오쯔'라서 경사스러운 날에 먹는 음식이다. 반달 모양이 많은데, 그것은 원보은元宝銀, 혹은 마제은馬蹄銀이라는 말발굽 모양의 은화를 본떠 만든 것으로 부귀영화를 의미한다.

명나라 이전에는 교자라는 이름이 아니었다. 진·당나라 때에는 라오완牢丸이라고 했고, 송나라 때에는 그 모양에서 펀쟈오粉角, 쟈오쯔角子 등으로 불렸다. 1970년대에 투루판분지 아스타나의 당나라 유적에서 교자의 실물이 출토되었다.

참고로 라오완牢丸의 '牢'(라오)는 가축을 기르던 축사, 혹은 감옥牢獄을 말하고, '丸'(완)은 고기로 만든 소를 뜻하는 것이다. 그러므로 밀가루 반죽에 고기경단을 싸서 먹는 음식이라는 뜻이 된다. 현재는 스이쟈오쯔水餃子, 쩡쟈오쯔蒸餃子, 지앤쟈오쯔煎餃子라는 만드는 방법이 있으며, 그 종류는 100가지가 넘는다.

일본에 교자가 전해진 것은 에도 시대 중기였다. 그러나 앞서 밝혔듯이 그다지 널리 퍼지지 못했다. 중국의 전통요리가 일본에 정착한 것은 무척 최근의 일이다.

완탕은 왜 '雲吞'(운탄)이라고 쓰는가?

북부의 교자에 비해 남부에서는 완탕을 점심으로 먹었다. 완탕의 모양은 다양하다. 북부의 전통을 고수하는 교자에 비해 남부의 완탕은 모양이 자유자재로 변했다.

완탕은 광동어로 '雲吞'(운탄)이라고 쓴다. 그 의미를 찾아보면 참으로 흥미롭다. '雲吞'은 장기간 계속된 강력한 관료사회를 지탱하던 '과거'라는 가혹한 시험제도와 밀접한 관계가 있다. 관료사회가 요리에 영향을 끼친 것이다.

전통적으로 중국에는 '국가'라는 개념이 없었고, 사회는 '천하', 다시 말해 세계라고 여겨왔다. 다민족으로 이루어진 세계가 진제국 이후 한자로 쓰인 문서와 방대한 수의 관료에 의해 2,000년이나 유지되어 온 것은 놀랄 만한 일로, 그중에서도 전한의 무제(즉위 BC 141~BC 87) 시대에 국학이었던 유학의 역할이 컸다. 한자와 문서와 도장과 유학이 언어를 달리하는 많은 사람들을 통치 가능케 한 것이다.

송나라 시대가 되자 관료등용제도인 '과거'가 정비되었는데, 3년에 한 번씩 지방에서 실시되는 '주시'州試, 중앙의 예부가 진행하는 '성시'省試라는 중앙시험, 황제가 시험관이 되는 '전시'殿試, 이렇게 3단계로 치러지게 되었다. 과거에는 '주시'를 돌파하는 것이 가장 큰 난관으로, 많은 수험생이 이 단계에서 탈락했다. 한 번 과거에 떨어지면 3년을 기다려야 했기 때문에 시험에서 실수하지 않기를 바라는 마음은 수험생이나 부모나 한결같았다.

광동의 완탕을 '雲吞'이라고 쓰는 것은 '과거' 시험에서 실수하지 않고 기력을 증진시키기 위한 요리가 될 수 있도록 '구름^雲을 마신다 ^吞'는 어마어마한 이름을 붙인 것이다. 도읍에서 치르는 과거의 중앙시험은 더욱 가혹해서 공원^{貢院}이라는 시험장에 이불과 음식을 싸들고 가서 30시간 이상 걸리는 시험을 치러야 했다.

시험문제는 유학의 경전에 빠져 있는 일부 한자를 채우는 암기문제였다. 때문에 관료에 지원하려는 사람은 6살 때부터 배움을 시작해 43만 자에 달하는 경전, 그것의 두 배가 넘는 주석서, 역사서 등을 암기해야만 했다. 현재의 시험과는 비교가 되지 않을 정도였다.

완탕이라는 요리 이름과 완고한 관료사회는 "바람이 불면 나무통 장수가 돈을 번다."와 같은 식일지도 모르겠다. 이 말은 바람이 불면 흙먼지가 눈에 들어가고, 흙먼지가 들어가면 눈이 멀고, 눈이 먼 장님은 샤미센(3현으로 된 일본의 전통 악기)으로 생계를 꾸려야 하는데, 샤미센은 고양이가죽으로 만든다. 그러니 고양이가 줄어들 테고 고양이가 줄면 쥐가 늘어나는데, 늘어난 쥐는 나무통을 갉아먹기 때문에 나무통장수가 돈을 번다는 이야기다. 즉 언뜻 전혀 상관없는 일일지라도 돌고 돌아 생각지도 못한 곳에 영향을 준다는 일본 속담이다.

| 7 |

미군이 보급시킨
샐러드와 양상추

멕시코발 시저샐러드

일본에서는 여러 채소를 섞어 생으로 먹는 방식은 별로 뿌리 내리지 못했다. 일본인이 샐러드로 채소를 많이 먹게 된 것은 전후 일본을 군사적으로 점령한 미국의 영향이다.

1949년 12월 24일에 당시 GHQ(연합군 최고사령부)의 숙소로 접수되었던 테이코쿠호텔의 크리스마스이브 파티에서 양상추 등의 채소 위에 화이트 드레싱을 얹어 파르메산 치즈와 크루통을 얹은 시저샐러드가 나온 것이 공식 석상에서 첫 샐러드의 등장이었다.

시저샐러드라고 하면 고대 로마의 영웅 줄리어스 시저(율리우스 카이사르)가 연상되지만 사실 이 둘은 전혀 상관이 없다. 시저샐러드는 금주법 시대에 헐리우드 사람들이 술을 마시기 위해 갔던 멕시코 국경마을 티후아나의 이탈리아 요리사 시저 카디니가 식당에 있는 재료를 조합해 만든 간단한 요리였다. 이윽고 이 요리는 간단히 만들 수 있다는 이유로 티후아나의 명물이 되었고, 미국인 관광객들에 의해 미국으로 전해졌다. 시저샐러드는 1920년 금주법 시행 당시 미국에 전해진 것이다. 금주법을 인연으로 미국에 퍼진 멕시코의 간단요리라고 할 수 있다.

샐러드(영어로 salad, 불어로 salade) 역시 소금을 의미하는 라틴어 살sal에서 유래한다. 고대 로마에서는 신선한 채소에 소금을 뿌려 쓴맛을 없애고 먹었다. 소금으로 채소를 먹기 쉽게 만든 로마의 식습관은 알프스 북부의 서유럽을 거쳐 미국으로 이어진 것이다.

참고로 샐러드라고 하면 마요네즈와 드레싱이 연상된다. 최근에는 다양한 드레싱을 쓰게 되었지만 1900년 미국에서는 프렌치드레싱을 사용하기 시작한 후부터 서서히 다양해진 것으로, 프랑스에서는 드레싱이라는 단어가 없는 대신 다른 여러 소스가 이용되고 있다. 프랑스어의 소스의 어원은 역시 라틴어로 소금을 의미하는 sal, 그 속어인 sala이며, 소금이 기본적인 조미료였다는 공통점이 있다.

최음제였던 양상추

샐러드문화가 침투되는 가운데 미국인이 좋아하는 채소인 양상추가 등장해 기존의 양배추를 능가하는 기세로 유행하기 시작했다. 양상추도 일본의 식탁에서는 신참이었다.

대부분이 수분이고 약간 쓴맛이 있는 양상추는 서아시아와 지중해연안이 원산지인 국화과 식물이다. 그래서 양상추에는 작은 국화처럼 생긴 꽃이 핀다.

양상추는 기원전 6세기 고대 '오리엔트'를 통일한 아케네스왕조 페르시아 왕의 식탁에 올랐을 정도로 오래된 식재료다. 고대 그리스는 식용 줄기채소는 '아스파라거스'로 총칭되며, 그 대표격이 양상추였다.

양상추는 그리스, 로마를 대표하는 채소였으며, 그 음경처럼 생긴 줄기는 최음제로 사용되었다. 그리스신화에는 바람둥이로 변신한 노인의 이야기가 나온다. 레스보스 섬의 늙은 사공 파온이 '미의 여신 아프로디테'를 소아시아로 데려다주었는데 사공이 뱃삯을 받지 않으려 하자 아프로디테는 그를 미소년으로 변신시켜 주었다. 그 후 파온은 엄청난 미모로 많은 여성의 마음을 흔들게 된다. 여류시인 사포도 그에게 반하는데, 파온이 그녀의 마음을 거절하자 사포는 그를 레프카스 절벽에서 바다로 밀어버린다. 아프로디테는 죽은 파온을 양상추로 변신시켰다는 전설이 남아 있다. 그런 유래에 맞게 쓴맛을 가진 양상추는 최음제로 쓰였다. 참고로 사랑을 이룰 수 없었던 사포도 투신 자살했다는 이야기도 있다.

영어로 양상추lettuce의 어원은 라틴어 "우유 같은 액체가 나온다."는 말에서 파생된 lactuca(lac는 젖이라는 의미)다. 양상추는 줄기나 잎을 자르면 우유처럼 하얀 액체가 나와서 그런 이름이 붙었다. 참고로 일본에서는 양상추를 '치샤'로 불렀으나 어원은 '치구사'(젖풀乳草)로 유럽과 같은 발상이다. 치샤의 열매를 달여 마시면 초산한 여인의 젖이 뭉치는 것을 막아주는 약효가 있다고 전해진다.

반결구 양상추는 중국을 경유해 나라 시대부터 일본에 들어와 있었다. 그러나 결구 양상추는 막부 말기에 미국에서 전해졌으며, 2차 세계대전 후에 일본을 점령한 미군의 수요에 맞추기 위해 재배가 확산되었다.

미국인은 아삭거리는 양상추를 무척 좋아하는 것 같다. 그러고 보니 제임스 딘이 주연한 영화 〈에덴의 동쪽〉에는 신선도를 유지하기 위해 얼음을 채운 양상추를 화물차에 가득 싣고 동부로 운반하는 장면이 나온다.

| 8 |

햄버거스테이크와 세계화된
'햄버거'

육식은 야키니쿠와 햄버거스테이크에서

오늘날의 일본인은 오랫동안 익숙해져 있던 생선음식문화에서 멀어지면서 육식문화로 이행하고 있다. 젊은이들 사이에서는 육식문화가 깊이 자리잡게 되었다. 고기가 식탁을 제패하게 된 것은 2차 세계대전 후, 좀 더 정확하게 말하자면 1970년대 이후라고 할 수 있다. 그러나 스테이크를 먹게 된 것은 최근의 일로, 일본인의 밥상에 극적인 변화를 일으킨 것은 야키니쿠와 햄버거스테이크였다. 야키니쿠의 의미는 말 그대로 '굽다'라는 의미의 야키^燒와 '고기'라는 의미의 니쿠^肉가 합해진 것으로, 직역하면 '구운 고기'이다.

고기가 일본의 음식문화에 수용되는 과정에서 가장 큰 역할을 했던 것은 재일조선인과 한국인이 시작한 야키니쿠다. 소나 돼지의 살코기나 내장을 숯불에 구워 참기름장이나 다양한 장에 찍어 먹는 야키니쿠는 밥하고도 잘 어울려 별다른 반감 없이 일본의 음식문화에 스며들었다. 이질적인 '육식' 문화를 받아들인 선배민족의 지혜가 야키니쿠에 담겨 있었기 때문이다.

일본의 조선에 대한 식민지지배 시대에 많은 조선 사람들이 일본으로 이주를 할 수밖에 없었던 것은 불행한 일이다. 그러나 일본의 음식문화는 육식을 수용하고 있던 재일조선인과 한국인이 보급시킨 야키니쿠문화를 매개로 육식문화에 접근할 수 있었다. 조선, 한국과 일본의 음식을 조합할 수 있었던 재일조선인으로부터 야키니쿠가 시작된 것은 이치에 맞는 일이다.

조선에 육식문화가 생긴 것은 몽골에 정복된 고려 시대부터였다. 일본에서 첫 야키니쿠 가게를 연 것은 1946년에 영업을 시작한 신주쿠의 명월관明月館으로 추정된다.

1970년대에는 햄버거스테이크의 레토르트retort 식품화, 패밀리레스토랑, 급식 등을 통해 일본 요리와 어딘지 비슷한 햄버거스테이크가 젊은 연령층부터 서서히 퍼지게 되었다. 스테이크는 너무 비싸 그림의 떡인 데다가, 고기 그 자체에도 위화감을 가지고 있던 터라 고도경제성장기 시절의 주부들이 식탁에 올린 것은 전통적인 어묵과 비슷하게 생겼으며, 비교적 가격도 쌌던 햄버거스테이크였다. 햄버거스테이크는 가정의 식탁에 오르면서 육식문화 수용의 선두에 서게 되었다. 그 이후에는 스테이크문화도 찾아오게 된다.

세계화하는 햄버거

햄버거의 침투에 한몫을 한 것이 패스트푸드점에서 판매하기 시작한 햄버거였다. 햄버거는 '번'^{Bun}이라고 불리는 소형 빵에 햄버거스테이크를 끼운 샌드위치의 일종이라 볼 수 있다.

유명한 이야기지만 '샌드위치'는 18세기 중기 카드게임에 심취해 있던 '샌드위치 백작' 존 몬테규^{John Montague}(1718~1792)가 런던의 클럽에서 하인을 시켜 로스트비프를 빵에 끼워 먹으면서 게임을 즐겼다고 하는 일화에서 비롯한다. '샌드위치'는 이윽고 독일에서 유행하며 일반 가정에 침투하게 되었다. 그것이 '햄버거'의 원형이다.

그런데 이 샌드위치 백작은 30살에 해군장교가 되면서 미국 독립전쟁(1775~1783) 당시 해군을 이끌고 식민지로 향해 전투를 했다고 하니 참으로 아이러니하다.

다음은 빵에 끼워 먹는 햄버거 이야기다. '햄버거스테이크'의 원형이 된 것은 몽골고원의 '타르타르스테이크'다. '타르타르'의 유래는 그리스신화의 지옥 '타르타로스'를 어원으로 하는 '타르타르인'이라 추정된다.

'타르타르인'은 13~14세기에 유라시아의 동서에 걸친 거대한 제국을 세운 몽골인을 말하는 것으로, 유럽 사람들이 그들을 두려워해서 이렇게 명명된 것이다. 몽골인은 야생풀을 뜯어 먹으며 자란 말의 질긴 고기를 잘게 잘라 양 창자에 채워서 말안장에 넣어두었다가 부드러워지면 먹는 풍습이 있었다. 생활의 지혜라고 할 수 있다. 이렇게 먹는 습관은 몽골인이 약 200년 간 지배한 러시아에 전해져 스테이크와 같은 음식이 되었다. 이 요리법이 발트 해를 경유해 독일로 건너간 것이다.

질긴 소고기를 먹던 독일인은 러시아로부터 고기를 잘게 썰어 구워 요리하는 방법을 배웠다. 그 요리는 항구도시 함부르크에서 유행하게 되었고, '함부르크 스테이크'라는 이름이 붙었다. 1850년대가 되자 함부르크 항에서 미국으로 떠난 독일 이민자들이 함부르크 스테이크 요리법을 미국에 전했고, 미국에서는 '햄버거스테이크', '햄버거'로 불리게 되었다. 1904년 세인트루이스 박람회장에서는 '함부르크 스테이크'를 '번'에 끼워 판매했다.

'햄버거'가 미국을 대표하는 식품이 된 것은 지금으로부터 반세기 전의 일이다. 리처드와 모리스 맥도날드 형제가 1948년에 로스앤젤레스 외곽에 연 '맥 셰이크(밀크셰이크)'라는 드라이브인 노점이 성황을 이루었다. 그들은 메뉴를 한정해 분업조리방식으로 비용을 절감, '햄버거' 가격을 15센트로 낮추면서 대성공을 거두었다.

1955년이 되자 밀크셰이크 믹서 판매원인 크록이 사업권을 사들여 시카고 외곽에 1호점을 열고 '햄버거'의 품질을 균등화하고, 위생적인 관리에 성공해 체인점이 미국에서 캐나다, 일본 등에까지 널리 퍼지게 되었다. 일본에 맥도날드 1호점이 생긴 것은 1970년대의 일이었다. 1980년대 말부터 맥도날드는 세계적인 규모로 급성장을 이루고 현재 세계 각지에 점포를 보유하고 있으며, 매일 4000만 명이 이용하는 '세계적 상품'이 되었다.

코카콜라와 청량음료라는 신문화

20세기 미국이 만들어낸 청량음료 '코카콜라'와 '펩시콜라'는 대공황으로 세계가 흔들렸던 1930년대에 세계적인 음료가 되었고, 2차 세계대전 후 세계 각지로 퍼져나갔다. 일본에 들어온 것은 1950년대 말이지만 독특한 선전 덕분에 젊은이들 사이에 퍼지면서 청량음료를 생활 속에 스며들게 했다. 지금은 청량음료수가 일상생활에 완전히 녹아들었는데, 이 청량음료의 탄생은 생각보다 오래되었다.

1886년 애틀랜타의 약제사가 캐러멜 색깔의 시럽을 만드는 과정에서 우연히 만들어진 음료가 '코카콜라'였으며, 1898년 노스캐롤라이나 주의 약사가 위장약 조제 중에 우연히 만들게 된 것이 '펩시콜라'였다고 한다. 처음엔 둘 다 로컬 음료였으나 실업가가 특허를 사들여 판매망을 만들어 맹렬한 선전광고로 미국 전역으로 확산시켰다는 공통점이 있다. '코카콜라'의 이름은 중남미 코카의 열매와 아프리카의 콜라나무 열매를 합성해 붙인 이름이라고 하는데, 이 열매들은 자양강장의 효능을 가진 열매라고 한다.

'코카콜라'는 처음엔 가게 앞에서 잔으로 판매했다고 한다. 그런데 그 소문을 들은 변호사 2명이 유리병에 넣어 판매하고 싶다는 생각을 하게 되었고, 1899년에 1달러에 계약하고 테네시 주에 첫 유리병 콜라공장을 세웠다. 지역마다 유리병 콜라공장을 세우고 판매도 위탁하는 버틀러시스템이 개시되었던 것이다.

'코카콜라'는 1928년 올림픽, 암스테르담대회에서 올림픽 공식 후원자로 나서면서 할리우드 영화스타를 광고모델로 기용해 세계화 전략에 나섰다. 1930년에는 세계 30개국에 공장이 세워지게 된다. 현재는 거의 모든 나라에 진출하여 '코카콜라'가 판매망을 가지지 않은 나라는 불과 몇 되지 않는 상황이다.

| 9 |

식탁과 도라에몽의
주머니

가족을 바꾼 냉장고와 전자레인지

마지막으로 간단히 현재의 '음식'의 문제를 다루고 싶다. 1970년 이후, 일본의 '음식'은 급변하는 세계화와 함께 지구적 규모의 콜드체인에 의해 세계화되었다. 일거에 '포식시대'로 들어선 것이다.

오랜 시간 동안 세계 각지의 식재료와 요리를 신중히 받아들이던 일본의 음식문화도 폭풍 같은 변화 속으로 빨려 들어갔다. 식탁에는 세계 각지에서 온 재료, 조미료, 향신료, 요리법이 침투했고, 대도시에는 일본화된 중화요리, 한국요리, 인도요리, 프랑스요리, 이탈리아요리 등의 레스토랑, 미국식 패스트푸드점이 넘치고 있다. 음식문화가 지금까지 경험한 적 없는 세계화에 의한 대전환기로 접어든 것은 사실이다.

이러한 극적변화를 가져온 것이 식품의 냉동·냉장기술의 현저한 진보, 인터넷에 의한 정보혁명, 컨테이너 수송 등의 수송혁명이다. 그러나 다양한 기술이 복합된 현재의 시스템이 모두 편리한 것만은 아니다. 편리함과 동시에 많은 단점도 떠안게 되었다. 풍요로운 자연 속에서 오랜 세월 여러 조합을 거듭하면서 독자적인 음식문화를 만들어 온 일본의 음식문화가 콜드체인이 주는 외래식재료와 외래요리법의 파도에 휩쓸리고 있다.

지구 규모의 콜드체인과 연결된 가정의 도구가 냉장고와 전자레인지다. 냉장고에서는 '도라에몽의 주머니'처럼 계속해서 식재료가 나온다. 또한 냉장, 냉동식품이 보급되어 식품의 저온보존과 함께 급속 해동이 필요했다. 방대한 양의 식재료의 유통은 대부분의 식재료를 방부제, 착색제, 향료 등이 첨가된 공업제품으로 만들었고, 카레가루나 스프파우더 등의 반제품을 증가시켰고, 이미 조리된 식재료도 가정에 침투하게 되었다.

그러한 것에서 해동 기능을 가진 전자레인지가 냉장고와 함께 가정의 필수품으로 바뀌었다. 양자는 지구 규모로 순환하는 냉장, 냉동식품 네트워크의 도구가 된 것이다.

전자레인지는 불 대신 전자파를 이용한 가열기로, 바삭거리는 미묘한 식감을 낼 수는 없다. 단지 포장된 요리를 전자레인지에 2~3분 돌리면 완성되므로 부엌을 어지럽힐 일이 없다. 조리되어 포장된 식품은 다양하며 언제든 먹고 싶을 때 개별적으로 식사가 가능하게 되었다. 그러나 간단해졌다고 다 좋은 것은 아니다.

과거에 불을 이용한 조리는 시간이 무척 오래 걸렸지만 식탁을 중심으로 가족이라는 공동체를 단단하게 묶었다. 조리와 식탁이 일련의 프로세스로 연결되어 있었던 것이다. 즉 가족이 협력해 요리하고 함께 밥을 먹었다. "한 솥 밥을 먹는"이라는 말이 있듯이 함께하는 식사가 가족들 사이의 신뢰를 키워왔다고 할 수 있다.

그러나 편리한 전자레인지는 조리라고 하는 공동작업을 쇠퇴시키고 '혼밥'을 가능케 했다. 전자레인지에 의지한 식탁은 인간을 고립화시키고 인류가 키워온 음식문화를 서서히 무너뜨리는 것 같기도 하다. 도구의 장점과 단점을 종합적으로 판단해 어떤 식으로 함께할지 정할 필요가 있다고 여겨진다.

냉장고가 군림하는 시대의 위험

냉장고는 지구 규모로 냉동, 냉장식품을 운송하는 네트워크(콜드체인)의 도구로 '포식시대'를 지탱하고 있다. 물론 콜드체인은 무척 편리하지만 식재료의 장기저장이 가능해지자 식자원의 난개발로 이어져 지구환경에 거대한 짐을 지우게 되었다.

지금 지구상에는 인구 백만이 넘는 도시가 2백수십 개가 넘게 존재하고, 80억 가까운 세계인구의 6할이 도시에서 생활하고 있다. 도시의 탐욕스런 위장을 채우기 위한 자연자원의 남획, 인공비료를 대량으로 사용한 농작물의 대량생산과 유전자조합으로 생산된 식재료도 보급되고 있다. 그런 와중에 일본의 식재료의 자급률은 약 40%로, 전면적으로 콜드체인에 의존하고 있다. 유사시 식량공급의 톱니바퀴가 어굿날 것을 생각하면 모골이 송연하다. 정말 이대로 좋은가.

가령 일본의 농수성農水省은 2008년 시점에서 국내생산의 식재료만으로 1일 1인 2,020칼로리를 확보하기 위한 메뉴를 계산했다. 기준 메뉴는 다음과 같다.

아침 - 밥 한 그릇(정미 75그램)과 삶은 감자요리(감자 2알), 절임채소(채소 90그램의 쌀겨절임)

점심 - 군고구마 2개(고구마 200그램)과 사과 4분의 1, 찐감자 1개(150 그램)

저녁 - 밥 한 그릇에 군고구마 1개(고구마 100그램), 생선구이 한 토막 (생선 84그램)

9일에 한 번 육류(하루 12그램), 7일에 한 번 달걀 1개, 6일에 한 번 우유 한 컵, 3일에 한 번 낫토 2봉, 2일에 한 번 된장국 한 그릇, 2일에 한 번 우동 한 그릇(하루 밀가루 섭취량 53그램)

침체한 일본의 농업, 수산업, 축산업의 현실이 여실히 드러나 있다. 일본의 식탁은 전면적으로 콜드체인에 의존하는 가운데 편의성과 나약함에서 벗어나려는 인식이 필요하다. 전기가 공급되지 않는 상황이 계속된다면 냉장고 속 식재료가 부패하고 식탁이 위기에 처할 것은 당연하다. 언제까지고 안정된 국제경제가 유지될지 단언할 수 없다. 다면적이고 다각적인 '음식'의 검토가 필요하다.

2008년 서브프라임론의 파탄으로 증권버블이 붕괴한 것을 목격한 이상 예측할 수 없는 이유로 일어날 일을 염두에 둔 식탁의 설계가 필요하다는 것을 통감한다. 냉장고가 콜드체인의 마지막 식재료저장고가 된 사실을 유념해 각자 다양한 변화에 대처할 방법을 검토하고, 안정된 식탁을 유지하는 방법을 생각해 두는 것이 필요할 것이다.

식재료를 단순히 가격이 싸다, 비싸다는 기준만으로 판단할 것이 아니라 식재료가 만들어진 과정을 고려한 복잡한 '음식'의 시스템을 떠올리는 것이 중요해진다. '지산지소'(지역생산·지역소비)도 그러한 대처법의 하나가 될 것이다. 식탁은 농업, 수산업, 축산업과 직결되고, 식탁이 농업, 수산업, 축산업을 키운다.

이제 지구를 덮은 거대한 시스템이 우리들의 식탁을 직접 지배하는 시대에 리스크를 미리 고려한 복잡한 시스템 만들기가 요구된다. 세계화가 내포하는 리스크는 거대하다. 리스크란 '해도'海圖가 없는 항해이며 예견할 수 없는 사태로의 전개가 내포되어 있다.

| 참고문헌 |

阿部孤柳・辻重光, 《とうふの本》, 柴田書店, 一九七四

安達巌, 《たべもの伝来史縄文から現代まで》, 柴田書店, 一九七五

安達巌, 《日本型 食生活の歴史》, 新泉社, 二〇〇四

栄西／古田紹欽訳注, 《喫茶養生記》, 講談社 学術文庫, 二〇〇〇

江後迪子, 《南蛮から来た食文化》, 弦書房, 二〇〇四

江後迪子, 《信長のおもてなし中世食べもの百科》, 吉川弘文館 歴史文化ライブラリ
      ー, 二〇〇七

大石圭一, 《昆布の道》, 第一書房, 一九八七

大久保洋子, 《江戸のファーストフード町人の食卓、将軍の食卓》, 講談社 選書メチエ,
      一九九八

小野重和, 《和風たべもの事典 来し方ゆく末》, 農山漁村文化協会, 一九九二

熊倉功夫・石毛直道編, 《外来の食の文化》, ドメス出版, 一九八八

熊倉功夫, 《茶の湯の歴史 千利休まで》, 朝日選書, 一九九〇

熊倉功夫, 《日本料理の歴史》, 吉川弘文館 歴史文化ライブラリー, 二〇〇七

木宮泰彦, 《日華文化交流史》, 富山房, 一九五五

酒井シヅ, 《病が語る日本史》, 講談社 学術文庫, 二〇〇八

桜井秀・足立勇, 《日本食物史 上》, 雄山閣出版, 一九九四

篠田統, 《中国食物史》, 柴田書店, 一九七四

清水桂一編, 《たべもの語源辞典》, 東京堂出版, 一九八〇

鳥居本幸代,《精進料理と日本人》, 春秋社, 二〇〇六

筒井紘一,《懐石の研究わび茶の食礼》, 淡交社, 二〇〇二

長崎福三,《肉食文化と魚食文化 日本列島に千年住みつづけられるために》, 農山漁
　　　村文化協会, 一九九四

長崎福三,《江戸前の味》, 成山堂書店, 二〇〇〇

原田信男,《江戸の料理史料理本と料理文化》, 中公新書, 一九八九

原田信男,《和食と日本文化日本料理の社会史》, 小学館, 二〇〇五

樋口清之,《日本食物史食生活の歴史》, 柴田書店, 一九六〇

平野雅章,《日本の食文化》, 中公文庫, 一九九一

宮崎正勝,《知っておきたい「食」の世界史》, 角川ソフィア文庫, 二〇〇六

宮本常一,《塩の道》, 講談社 学術文庫, 一九八五

村岡実,《日本人と西洋食》, 春秋社, 一九八四

本山荻舟,《飲食事典》, 平凡社, 一九五八

柳田聖山,《禅と日本文化》, 講談社 学術文庫, 一九八五

山崎正和,《室町記》, 朝日新聞社, 一九七四

渡辺信一郎,《江戸の庶民が拓いた食文化》, 三樹書房, 一九九六

渡辺善次郎,《巨大都市江戸が和食をつくった》, 農山漁村文化協会, 一九八八

渡辺誠,《目からウロコの縄文文化 日本文化の基層を探る》, ブックショップマイタウ
　　　ン, 二〇〇八

식탁 위의 일본사

제1판 1쇄 발행   2023년 01월 16일
제1판 3쇄 발행   2023년 07월 10일

지은이   미야자키 마사카츠
옮긴이   류순미
펴낸이   김덕문
기획   노만수
책임편집   손미정
디자인   블랙페퍼디자인

펴낸곳   **더봄**
등록일   2015년 4월 20일
주소   서울시 노원구 화랑로51길 78, 507동 1208호
대표전화   02-975-8007 ‖ 팩스 02-975-8006
전자우편   thebom21@naver.com
블로그   blog.naver.com/thebom21

ISBN 979-11-92386-04-1 03910